O PRÍNCIPE

Dados Internacionais de Catalogação na Publicação (CIP)
(Câmara Brasileira do Livro, SP, Brasil)

Machiavelli, Niccoló, 1469-1527
O príncipe / Maquiavel ; [tradução de Brasil Bandecchi]. - 3. ed. - São Paulo : Ícone, 2009. - (Coleção fundamentos do direito)

Bibliografia.
ISBN 85-274-0854-6

1. Política I. Título. II. Série.

06-0123 CDD-320

Índices para catálogo sistemático:

1. Ciência política 320
2. Política 320

MAQUIAVEL

O PRÍNCIPE

Introdução e notas de
BRASIL BANDECCHI

Tradução de
BRASIL BANDECCHI
Com a colaboração de
MIRTES DE MATTEO

Terceira Edição

Ícone editora

Capa e Diagramação
Meliane Moraes

Introdução e Notas
Brasil Bandecchi

Tradução
Brasil Bandecchi
com a colaboração de
Mirtes de Matteo

Revisão
Rosa Maria Cury Cardoso

ÍCONE EDITORA LTDA.
Rua Anhanguera, 56 - Barra Funda
CEP: 01135-000 - São Paulo / SP
Fone/Fax: (11) 3392.7771
www.iconeeditora.com.br
iconevendas@iconeeditora.com.br

INTRODUÇÃO

Nicolau Maquiavel (1469-1527) é um dos pensadores mais discutidos de todos os tempos e suas idéias têm sofrido as maiores distorções.

Do seu nome derivam o substantivo "maquiavelismo" e o adjetivo "maquiavélico", que se tornaram palavras correntes do vocabulário universal e passaram a valer como sentença definitiva no que tange ao seu vulgar sentido. Elas têm uma força própria, independente da obra do Florentino, que foi adquirida à custa de uma repetição nem sempre fiel. O seu pequeno livro *O Príncipe* (ou, mais exatamente, *De Principatibus* e, em vernáculo, *Dos Principados*), tem sido citado sem maior exame e as palavras "maquiavélico" e "maquiavelismo" usadas por uma multidão, cuja grande maioria jamais leu a referida obra.

Foi ele o primeiro grande pensador da Idade Moderna[1]. Viveu em plena Renascença, existência que decorreu 31 anos no século XV e 27 no XVI.

O homem descobria novos mundos e as viagens de Colombo e Vasco da Gama abriram horizontes para melhor compreensão do Planeta e revolucionaram a economia européia.

O mundo culto mergulhava na Antigüidade Clássica e os humanistas iam beber diretamente na fonte toda a beleza e saber, dos quais, até então, só tinham conhecimento através da tradição cristã.

Toda a estrutura da Idade Média repousava sobre a autoridade do papa e do imperador, isto é, no plano espiritual e no

[1] Carlo Sforza, *O Pensamento Vivo de Maquiavel*, Livraria Martins Editora, São Paulo, 1951, p. 6. Tradução de Rubens Gomes de Souza.

temporal, respectivamente, sendo que o imperador se submetia ao papa. Dante, no crepúsculo da Idade Média, em seu livro *De Monarquia*, separa os dois poderes, afirmando que o imperador não devia depender do papa, mas lhe ser respeitoso. Com isto contraria a bula *Unam Sanctorum*, de Bonifácio VIII, para a qual todo o poder se origina do papa e a ele estão submetidos todos os homens. Para Dante o poder do imperador vinha diretamente de Deus no plano temporal, da mesma forma que o do papa no espiritual.

"O imperador deve guiar o primeiro com seu governo temporal e o pontífice o segundo com seu governo espiritual. (...) Contudo, os dois governos são juridicamente independentes, e mesmo a vida terrena tem sua própria dignidade, seus próprios fins, que são os que tendem para o progresso da civilização. Haver reconhecido e demonstrado essa autonomia e dignidade dos fins da civilização humana é, talvez, o traço do pensamento dantesco que mais claramente antecipou o pensamento moderno[2]."

Antes de Maquiavel ninguém ousava refutar ou contradizer Dante, que, no seu referido livro, apresentava ao povo uma única hipótese de ser feliz: o imperador, chefe de uma monarquia universal, independente do papa[3].

Daquela Europa cheia de pequenos Estados da Idade Média, veremos surgir, como estados unificados, a Inglaterra, a França e a Espanha.

A par da expansão geográfica do mundo, Gutenberg inventa o tipo móvel para a tipografia, donde os versos imortais de Castro Alves:

[2] Adolfo Ravá, prefácio ao livro *Pensadores Italianos*. M. W. Jackson Inc. Editores, Rio, 1950, p. VII.

[3] Carlo Sforza, ob. cit. p. 15.

"Por uma fatalidade
dessas que descem do além,
o século que viu Colombo,
viu Gutenberg também".

Em grande parte, a Idade Média vivia na contemplação, enquanto a Idade Moderna passou à época da técnica, da ação. O homem redescobre-se.

A situação da Itália propiciava condições para um movimento renascentista, protegido pelo papado.

Em torno de Roma, Florença, Milão e Veneza, havia uma proliferação de pequenos estados, "pululando, apodrecendo, fazendo-se, desfazendo-se, refazendo-se", quase sempre com auxílio da Espanha e da França, que haviam invadido território italiano.

Roma oferecia um espetáculo pouco edificante, principalmente na era de Alexandre VI (Rodrigo Bórgia), que empregava exércitos estrangeiros para aumentar o seu poder temporal e proteger sua parentela ambiciosa e insaciável.

Florença era a vítima maior dessa situação.

Restabelecida a República Florentina, surgiu o padre dominicano Girolamo Savonarola que, durante três anos, implantou um governo teocrático e puritano, que submeteu os florentinos e que, conforme testemunha Maquiavel que ia assistir às suas pregações, dividia a humanidade em dois grupos: ele e seus partidários que eram os eleitos de Deus e os outros, que, por não estarem com ele, pertenciam às hostes do Demônio[4]. Savonarola atacou a ambição e o luxo da Roma papal. Sua política foi verdadeira aventura que logo terminou. Durou três anos. Condenado à morte, no dia 23 de maio de 1498 foi enforcado e queimado em praça pública.

[4] Calvino, mais tarde, implantaria, em Genebra, uma terrível República teocrática, de bem maior duração que a de Savonarola em Florença.

Florença democrática, que acreditou, durante algum tempo, em Savonarola, não quis mais saber de outro Savonarola.

Exatamente quando o monge dominicano foi eliminado tragicamente da vida pública, Maquiavel inicia suas atividades na segunda Chancelaria da República de Florença.

Apesar de pertencer a uma família de boa representação na burguesia toscana, sua situação era modesta e seu serviço mal remunerado.

Não tardou muito foi colocado à disposição dos "Dez de Liberdade e de Paz", magistrados escolhidos por eleição, onde, sem deixar o cargo da Chancelaria, exerceu as funções de secretário.

Aborrecia-se com as tricas e futricas da repartição, pois, por ter talento e cultura, era o alvo preferido dos maledicentes, invejosos medíocres, ou abaixo disto.

Verdadeiramente, nunca chegou a embaixador, embora muitos pensem que tenha ocupado este cargo. Chegou a ser incumbido de missões diplomáticas na Itália e no estrangeiro, para tratar de interesses da República, mas não a título de embaixador. Em tais missões esteve na França de Luís XII e na Alemanha do Imperador Maximiliano. Foi na Alemanha que se apercebeu da importância dos exércitos nacionais e permanentes, que tanto ressalta no *Príncipe*, como crítica e ataca os exércitos mercenários.

Maquiavel tinha horror aos mercenários que serviam mal e traíam bem.

Pelo seu cargo, aproximou-se de César Bórgia, filho do Papa Alexandre VI, em evidência na época dos descobrimentos, pela sua influência e por seus desmandos.

César Bórgia, cardeal aos 16 anos de idade, revelou logo que sua vocação era bem outra. Um belo tipo, esse César Bórgia. Príncipe político, general famoso pelo seu talento e, principalmente, pelos seus crimes. Outro filho de Alexandre era a terrível Lucrécia Bórgia. Terrível, bela e devassa.

Maquiavel verá em César Bórgia o príncipe modelo.

Maquiavel, se não vivia muito bem, não andava muito mal.

Mas, no ano de 1512, os ventos políticos tomaram outro rumo em Florença, pois a República foi absorvida nos redemoinhos da luta entre o Papa Júlio II e o Rei da França, Luís XII.

Os Médicis, que haviam sido derrotados 14 anos atrás, voltaram ao poder e Maquiavel perdeu o emprego.

Desempregado, Maquiavel, que sempre desejou ser conhecido como poeta, que muito se aborreceu com Ariosto por não o haver colocado entre os poetas no seu *Orlando Furioso*, vai agora escrever os livros que o imortalizarão:

1. *Discursos Sobre a Primeira Década de Tito Lívio;*
2. *História de Florença;*
3. *Tratado Sobre a Arte da Guerra; e*
4. *Dos Principados ou O Príncipe*[5].

Foi na sua pequena propriedade rural, nos arredores de Florença, num lugarejo chamado São Casciano, que Maquiavel resolveu ficar. E, ali, escrevia durante a noite e passava os dias conversando com gente simples ou distraindo-se com um jogo inocente. Nas horas de lazer escreveu *O Príncipe*. Este pequeno livro tem um objetivo imediato, calculado. Desejava com ele agradar os senhores do momento e voltar ao antigo cargo.

A política estava no seu sangue. Ele declarou a seu amigo, embaixador junto ao Vaticano, Francesco Vettóri, que não tinha outra escolha: ou ficaria calado ou falaria de política. Um dilema. Preferiu não calar.

[5] Além das obras políticas escreveu outros trabalhos, entre eles a comédia *Mandrágora*.

Em carta ao mesmo amigo, informava, em 1513, ter escrito um pequeno livro:

"Dante dissera, certa vez, que a ciência nada mais é que a lembrança do que se ouviu. Assim, anotei algumas coisas que ouvi e escrevi um opúsculo, que denominei *De Principatibus*".

Este livrinho é, portanto, fruto de tudo que argutamente observara nos 14 anos que trabalhou na Chancelaria de Florença, bem como de suas profundas meditações sobre a História.

Como dissemos, seu objetivo era agradar os que detinham o poder para voltar ao poder. Quando o Cardeal Giovanni de Médici foi eleito papa com o nome de Leão X, Maquiavel pensou em dedicar *O Príncipe* ao seu irmão Giuliano de Médici, protegido do Sumo Pontífice e que, pelo casamento, tornou-se Duque de Nemours. Mas como Giuliano não era de resolver as coisas logo, o Florentino não teve pressa em lhe dedicar o livro, no que acertou, porque Giuliano veio a morrer com 27 anos de idade, em 1516. O livro, então, foi oferecido a Lorenzo de Médici, sobrinho de Leão X, o qual, também, não resolveu o seu problema.

Na referida carta enviada a Francesco Vettóri, informa:

"Discuti se devia, ou não, dedicar o pequeno livro aos Médici e, admitindo que sim, se devia entregar-lhes pessoalmente ou mandar-lhe entregar". E, mais adiante: "Além disso, sou impelido a oferecê-lo pela minha premente necessidade. O meu capital está se consumindo depressa aqui e eu não posso continuar neste estado por muito tempo sem me tornar desprezível pela pobreza. Desejo também que a casa dos Médici me utilize em alguma negociação que esteja para realizar. Se eu não conseguir o seu favor, haveria sempre de me culpar por não lhes ter oferecido o meu livro, isto porque, se eles o lerem, hão de ver que durante 15 anos não me dediquei em vão às coisas do governo. Parece-me que a qualquer pessoa deve ser agradável ter a seu serviço um homem que adquiriu tanta experiência à custa de outros patrões. De minha fidelidade não devem duvidar, porque se por tanto tempo mantive a boa-fé, não iria agora quebrá-la. Um homem que se manteve leal durante 43 anos, não pode mudar de caráter com facilidade. O fato de ser um homem pobre prova a minha lealdade e a minha honra".

Tudo em vão.

Poucos meses antes de morrer, no dia 22 de abril de 1527, mandou uma carta ao filho, na qual revela sua ternura e suas preocupações:

"Recebi tua carta com grande alegria, principalmente porque me dizes que estás bem outra vez. Nenhuma notícia poderia me fazer mais feliz. Se Deus te der vida, e a mim também, acredito que poderia fazer algo por ti, principalmente se fizeres tudo que deves. Além de todas as pessoas importantes com as quais já mantinha relações, travei agora amizade com o cardeal Cibo – tão grande amizade que a mim mesmo espanta".

Em seguida, mostra o sentido prático dessas amizades, para, então, aconselhá-lo:

"Essas relações te aproveitarão. Mas precisas educar-te, pois agora não tens mais desculpas, trabalha bastante, aprende literatura e música. Devias ver quanta consideração me têm pelos poucos talentos que possuo. Portanto, meu filho, se quiseres ser feliz, ser bem sucedido e considerado, estuda bastante, comporta-te bem e aprende. Ajuda-te e todos te ajudarão".

O filho mandara-lhe informações, também, de um burrinho que havia enlouquecido. Maquiavel, homem de gênio, cheio de problemas, tratou do caso com a mesma dignidade com que tratava das coisas do estado. Eis como orientou o filho:

"Tu me contas que o burrinho enlouqueceu. Temos de tratá-lo justamente ao contrário de como se tratam os loucos comuns. Estes se prendem. O burrinho terá que ser solto. Entrega-o ao Vângelo e dize-lhe para levá-lo para Montepugliano; uma vez ali, para tirar-lhe o freio e a cela. Feito isso, deve ser solto para ir onde quiser, e arranjar-se para ir vivendo. E assim lhe passará a loucura. Os campos aí são grandes e ele é apenas um burrinho, não poderá fazer mal a ninguém. Depois, sem nos preocuparmos muito com ele, podemos observá-lo para ver como vai indo, e procuraremos pegá-lo novamente se tivermos a certeza de que voltou ao seu juízo". E, ainda: "Dize a tua mãe, Marieta, que a amo e conta-lhe que estou para partir daqui a qualquer hora; nunca estive tão ansioso para voltar a Florença, como desta vez. Infelizmente, isto não depende de mim. Diz-lhe que não se incomode com o que possa ouvir e que eu estarei em casa antes que aconteça qualquer coisa grave. Beijos para Baccina, para Piero e para Totó, se Totó ainda estiver aí. Gostaria de saber como vão os olhos dele. Fiquem alegres todos e gastem o menos que puderem. Dize a Bernardo que se comporte. Escrevi-lhe duas vezes, em duas semanas e nada de resposta! Deus vos guarde todos[6]".

Possivelmente, tenhamo-nos alongado um pouco na citação de trechos desta carta. Não nos arrependemos, pois nela se contêm todos os cuidados de Maquiavel e, sobretudo, a simplicidade de sua alma. Nela temos, acreditamos, o testamento sentimental de um homem ainda com esperança de retornar a Florença, para viver ao lado da família e, se possível, voltar a trabalhar numa das chancelarias da terra natal.

Mas este sonho não se realizaria. Morreria meses depois.

O julgamento desfavorável a Maquiavel é bastante conhecido e, para os mais apressados, coisa julgada. Mas tal julgamento não é tão fácil. Todo grande homem será sempre objeto de estudos e controvérsias. Tem partidários e contrários. E até inimigos, apesar do tempo decorrido. É esta atualidade através do tempo que faz a glória e a imortalidade de um Maquiavel, de um Vespucci, de um Voltaire, de

[6] Carlo Sforza, ob. cit. pp. 205/207.

um Guilherme de Ockam, de um José Bonifácio, de um Gonçalves Ledo.

Isto não é só imortalidade. É vida. É presença.

Maquiavel é um marco do pensamento moderno. A bibliografia sobre sua obra é vasta e cremos que nenhum livro tenha inspirado tantos estudos, tantas controvérsias, tantas interpretações e tantos políticos como *O Príncipe*.

Maquiavel despreza o pensamento da Idade Média, esquece a *De Monarquia* de Dante e proclama que a origem do poder não é divina mas se encontra na força.

Para ele o triunfo do mais forte é o fato essencial da História[7]. Desta forma afasta qualquer preocupação de direito na aquisição. Isto pode parecer muito frio e bem pouco agradável de se ouvir, mas é uma verdade que, exatamente por ser verdade, se torna, às vezes, incômoda. Maquiavel constata-a e toma-a como um elemento concreto, longe de qualquer divagação idealista ou irreal.

Em pleno século XX, o grande sucesso de Rui Barbosa, na Conferência de Haia, residiu precisamente em proclamar que a força do direito deve sobrepujar o direito da força.

Para Maquiavel, só poderia haver boas leis onde houvesse boas armas. Note-se, porém, que o secretário florentino queria armas nacionais e não exércitos mercenários.

Digno de censura era o príncipe que não tivesse um exército nacional.

Maquiavel era um profundo observador e, por isso, considerava a política fundada na História e na observação, como ciência que se apóia nos seguintes princípios essenciais, são as capacidades da alma humana que fazem a História; os interesses e as paixões podem mudar o aspecto, mas não a lei da

[7] Jean-Jacques Chevallier, *As Grandes Idéias Políticas – de Maquiavel a Nossos Dias*. Tradução de Lygia Christina. Livraria Agir Editora, Rio de Janeiro, 1973, 3ª ed. p. 25.

História: e, embora algumas nações progridam e outras declinem, a contribuição de cada uma à sua época subsistirá[8].

"O primeiro italiano moderno a rejeitar toda e qualquer fórmula arcaica, ele viu que já nem a Igreja, nem o Império eram mais forças políticas vivas. Antes de Maquiavel, um homem tinha de ser guelfo, pelo Papa, ou então gibelino, pelo Imperador; ele – e só ele – percebeu que tanto os guelfos como os gibelinos estavam mortos"[9].

Acentue-se, ainda, que Maquiavel nunca diz que ele deseja mudar a realidade nem se propõe a isso. O que ele faz é demonstrar, de forma objetiva, como as forças históricas deveriam atuar para se tornarem eficientes[10].

Passemos, agora, ao *Príncipe*. Vimos as causas que levaram Maquiavel a escrever o livrinho famoso ao citarmos a carta que dirigiu a seu amigo, Embaixador Vettóri e que o nome original do opúsculo é *Dos Principados*, mas que ganhou fama com o nome de *O Príncipe* e com esse nome permanece.

Assim ficou conhecido e assim será sempre chamado.

Maquiavel esclarece, no Capítulo II, que tratará, nele, somente dos principados e não das repúblicas, pois destas cuidou em outra obra, ou seja, nos *Discursos sobre a Primeira Década de Tito Lívio*, aliás sua obra máxima, da qual *O Príncipe* é considerado, por Carlo Sforza, um simples capítulo[11].

Mas foi esse "simples capítulo" que fez a fama de Maquiavel e que tanto influiu no mundo político, porque nele estuda a essência dos principados, suas espécies e como podem ser conquistados e conservados, bem como as causas de suas perdas.

[8] Carlo Sforza, ob. cit. p. 13.

[9] Idem, idem, p. 11.

[10] Antonio Gramsci, *Maquiavel, a Política e o Estado Moderno.* Tradução de Luiz Mário Gazzaneo, 3ª ed. Civilização Brasileira, Rio, 1978, p. 43.

[11] Ob. cit. p. 24.

Duas são as espécies de principados: hereditários e novos. Aos primeiros não dá Maquiavel maior importância. O príncipe recebe-o – falemos, aqui, no singular – sem grandes dificuldades. Sua administração se encontra, de certo modo, implantada. É no principado novo que se encontra toda a dificuldade para sua aquisição e conservação. Dos principados novos apresenta uma subdivisão: os que são inteiramente novos e os que são anexados aos hereditários, dando, como exemplo destes, o Reino de Nápoles, agregado ao da Espanha. Aos novos, anexados e hereditários, denomina de principados mistos.

Dedica, também, um capítulo aos principados eclesiásticos, que são conquistados pela virtude ou pela fortuna, mas que para se manterem não necessitam nem de uma coisa nem de outra. Firmam-no no poder das antigas instituições religiosas. Com certa ironia, Maquiavel afirma que é Deus que os conquista e que os conserva, daí escaparem à sua análise, por se encontrarem acima de qualquer consideração. É o homem da Renascença, com algo de Guilherme de Ockam.

São quatro as maneiras de se conquistar um principado e a elas correspondem outras tantas para conservá-los e perdê-los.

Conquista-se pela *virtu* (virtude), pela fortuna (sorte); pela perversidade e pelo consentimento dos próprios cidadãos. Virtude, para Maquiavel, não significa qualidade moral e, sim, força e ação. No Capítulo XXV d'*O Príncipe*, o Florentino trata da fortuna, afirmando que muitos homens julgam que as coisas do mundo são governadas pela sorte e por Deus, "de maneira que a vontade humana não pode mudar esses desígnios e nem dar-lhes remédio". Aceita esse fato em parte, pois que o homem, pela inteligência, tem condições de mudar muita coisa e dar remédio a muitos males.

Os que conquistam o poder pelas virtudes próprias e com as próprias armas lutam mais para adquirir um principado, mas quando o conseguem terão mais facilidades em conservá-lo. Fora isto, deve o príncipe amedrontar, intimidar, constranger os vencidos para que eles silenciem, pois se se organizarem, formando oposição, tornam-se bem mais violentos que os que aderiram ao vencedor por comodidade, conveniência e interesse.

O príncipe deve ser forte e estar sempre suficientemente armado. Todos os profetas armados saíram vencedores, acontecendo o contrário com os desarmados. Savonarola tinha um verbo inflamado e convincente, mas era um profeta desarmado e foi vencido, condenado à morte, queimando em praça pública, sem que ninguém o defendesse.

A isto ajunte-se, acrescenta Maquiavel, que devido a inconstância dos povos é fácil persuadi-los de alguma coisa, mas é difícil mantê-los persuadidos e, por esta razão, tudo deve estar preparado de tal forma que, quando não confiarem ou não crerem mais no governo, sejam obrigados a acreditar pela força.

Passemos, agora, aos principados novos, conquistados com as armas de outrem e não com as do próprio príncipe. No princípio tudo é fácil. Mas estas forças usadas na conquista não lhe servirão – a exceção é raríssima – para a manutenção ou conservação, porque lhes faltam motivos para serem fiéis. São mercenárias.

A menos que o príncipe favorecido pela fortuna se ache possuído de grande espírito e valor. E que saiba preparar-se imediatamente para conservar quanto a sorte lhe colocou nas mãos. César Bórgia – diz – foi um caso excepcional. Com alto valor e grande espírito, acabou por perder o governo. César Bórgia, favorecido pelo Papa Alexandre VI, seu pai, teve o apoio de Luís XII, da França, e, com isto, se instalou na Romanha. No poder, quis livrar-se dos mercenários (condottiéris), seus cúmplices, e liquidou-os. Para implantar a ordem, nomeou um homem violento e cruel, Ramiro d'Orco, a quem conferiu os mais amplos poderes. Restabelecida a ordem, procurou livrar-se de Ramiro e mandou assassiná-lo.

Seu corpo foi encontrado, numa praça, partido em dois, ao lado de um facão ensangüentado. Julgava, com este crime, fazer esquecer os crimes de Ramiro.

Com a morte de Alexandre VI, enfraqueceu-se. Quis livrar-se da França, que o ajudara a conquistar o poder, ligando-se à Espanha e acabou por ter ambas como inimigas.

Embora valente de espírito cruel, César Bórgia não criou elementos necessários e nem dispôs as coisas para a consolidação do poder e realização dos seus planos. Daí seu fracasso.

Para Maquiavel, a maneira mais mesquinha e que deprecia bastante o príncipe é a conquista do principado pela perversidade. Observou um escritor que ele não colocou César Bórgia entre os perversos, apesar dos seus crimes, por admirá-lo. De como se conquista o poder pela perversidade, Maquiavel oferece dois exemplos, dos quais lembraremos o de Oliverotto, que dominou e conquistou Fermo, assassinando seu protetor e tio materno e os mais importantes cidadãos do principado em um banquete que ele mesmo oferecera para surpreendê-los reunidos.

O Florentino observa que há crueldades que são bem praticadas e as que são mal praticadas.

As crueldades devem ser feitas de uma só vez e não aos poucos, pois as que são praticadas em breve espaço de tempo parecem menos duras e mais depressa são esquecidas. O bem, ao contrário, deve ser feito em pequenas doses, para que o povo o saboreie.

Para Maquiavel os homens devem ser acariciados ou liquidados. Vingam-se das injúrias leves e intimidam-se quando elas são grandes, pelo que conclui que, para ofender um homem, deve-se agir de tal forma que não se tenha medo da sua vingança, por estar ele aniquilado.

De forma inteiramente diversa da que acabamos de ver, é a ascensão ao principado pelo consentimento dos cidadãos. Esta forma exige que o príncipe tenha virtude e fortuna, em doses temperadas. Deve ser hábil. Aqui surge a força através do consentimento dos cidadãos. E esse consentimento, ora está na vontade do povo, ora na dos poderosos. O povo escolhe um príncipe para não ser oprimido pelos poderosos e estes quando desejam oprimir o povo.

"O príncipe elevado pelos grandes – que se julgam seus iguais, e que são insaciáveis e aos quais não domina – encontra mais dificuldades em manter-se do que o príncipe elevado pelo povo. Pois só este é da sua categoria e todos, ou quase todos, são levados a obedecer-lhe; por outro lado, o povo é fácil de satisfazer, não exigindo, como os grandes, oprimir, mas apenas não ser oprimido. Eis porque o príncipe da primeira categoria, constituído pelos grandes contra a vontade do povo, deverá fazer tudo para se reconciliar quanto antes com o povo; não terá, então, amparo mais fiel. Em todo esse capítulo transparece a assinalada preferência de Maquiavel, burguês de Florença, pelo povo, e sua evidente hostilidade para com os grandes"[12].

Nem todos os estados se conquistam igualmente, pois a forma de conquistá-los depende da natureza do seu governo que pode ser despótico, principado aristocrático, república.

O despótico, como no caso da Turquia, onde há um príncipe que a todos escraviza, é difícil de conquistar e fácil de conservar. Para conservá-lo basta liquidar o príncipe e toda sua raça, a fim de que não fique um único a que o povo obedeça. Um povo submisso é incapaz de escolher um novo chefe para combater o invasor. O estado aristocrático, formado pelos grandes e senhores hereditariamente poderosos, que estão no poder por fatores estranhos à vontade do príncipe, ao qual nada devem, como acontece na França, é fácil de con-

[12] Jean-Jacques Chevallier, ob. cit. p. 33.

quistar e difícil de conservar. Nele há os descontentes que, pelas desavenças internas, facilitam a invasão. Mas, uma vez conquistado, são tantos os poderosos a contentar, que não serão nem atendidos nem liquidados, e, na primeira oportunidade, derrubarão o novo príncipe. Resta falar da República, onde o povo tem boas leis e goza de liberdade. Um povo acostumado a ser livre é impossível de dominar. Ele sempre se lembrará das suas instituições e não aceitará o jugo do príncipe. Neste caso só há uma solução: destruir o estado para não ser destruído. Aqui, mais uma vez, Maquiavel revela sua preferência pela república, pois mostra que os homens livres sempre amarão a liberdade e a única maneira de vencê-los é liquidando-os. Falando ao príncipe, Maquiavel alertava o povo. Rousseau, por isso sentencia: "Fingindo dar lições aos reis, deu-as, e grandes, ao povo. *O Príncipe*, de Maquiavel, é o livro dos republicanos"[13].

Vejamos, agora, de como o príncipe deve agir.

Questão antiga é a de saber-se como deve o príncipe proceder com os seus súditos e com seus amigos. Duas devem ser suas preocupações: uma de ordem interna, concernente ao proceder dos súditos; outra, de ordem externa, relacionada com as potências estrangeiras, suas ambições e desígnios.

Há diferença entre a maneira em que o povo vive e a em que aspira viver. O ideal é uma coisa e a realidade, outra. Assim se se procurasse viver como se deseja (e não conforme a realidade), isso seria uma futilidade, uma brincadeira. É esta realidade que o príncipe deve levar em conta no comportamento dos seus súditos.

[13] Em feignant de donner les leçons aux rois, il en a donné, de grandes, aux peuples. *Le Prince* de Machiavel est le livre des republicains. *O Contrato Social*, L. III, Cap. VI.

Seria desejável que um príncipe fosse generoso, corajoso, cumpridor da palavra empenhada, franco para com todos, religioso. Mas Maquiavel pergunta: É possível ser sempre bom, generoso, franco, sem pôr em risco a própria situação ou o poder? A condição humana comporta esse procedimento?

O príncipe para manter-se não pode ser sempre bom. Há qualidades que só servem para levar a perder o estado, enquanto há vícios que levam a conservá-lo.

O que acabamos de reproduzir, sobre o comportamento que o príncipe deve ter, é um resumo das idéias contidas no Capítulo XV e nele, não há que negar, existe a franqueza crua de quem diz as coisas como são. É, por assim dizer, o tronco de onde se esgalham capítulos seguintes e dos quais temos:

Um príncipe, entre ser liberal, generoso ou parcimonioso, deve preferir o último.

Deve ser mais temido do que amado. O ideal seria ser igualmente amado e temido, mas isto não é fácil. Então, é preferível ser temido. Para alicerçar esta sentença, diz que os homens quase sempre são ingratos, inconstantes, dissimulados, pusilânimes diante do perigo e ambiciosos. Enquanto recebem benefícios, são dedicados. Oferecem tudo ao príncipe desde que o perigo esteja distante, mas desaparecem quando a adversidade se aproxima. São apegados às vantagens do governo e não amigos de quem governa. O príncipe que confiar naqueles aos quais beneficiou está perdido.

Os homens receiam mais a represália dos que são temidos do que dos que são amados.

Aconselha ao príncipe a respeitar a honra das mulheres dos súditos e seus bens, para não ser odiado. São duas coisas de que os homens são extremamente ciosos. A amizade e o respeito do povo são fortalezas do governo.

No que tange à palavra empenhada escreve:

"Todos sabem quanto é louvável um príncipe cumprir a palavra empenhada e viver com integridade e não com ardis. No entanto, os fatos provam que houve príncipes que realizaram grandes coisas e não deram nenhum valor à sua palavra, e que, pela astúcia, ludibriaram os homens e suplantaram os que agiam com lealdade".

São duas as formas de lutar: uma pelas leis e outra pela força. Pelas leis é a forma racional, humana e, pela força a animal. O príncipe precisa saber usar convenientemente as duas. Não era por menos que o centauro Quiron foi mestre de Aquiles e de outros que tiveram o poder. Quiron, meio homem e meio cavalo, representa a inteligência e a força. Ou, ainda, o príncipe deve ser raposa e leão ao mesmo tempo. Astucioso e forte. Astucioso para não cair em armadilhas e forte para afugentar os inimigos.

No terreno das promessas, dos compromissos, a raposa é o animal a ser imitado, deixando de cumprir com a palavra empenhada se isto for necessário. E justifica: "Se os homens fossem todos honestos este preceito não seria bom. Mas como são maus, desleais, nada impede que não honrem a palavra empenhada". E exemplifica: "Alexandre VI durante toda sua vida outra coisa não fez senão enganar os homens e sempre encontrou ocasião para isso. E jamais existiu um homem que com maior firmeza e solenidade assumisse um compromisso para, depois, não cumprir absolutamente nada. No entanto, suas trapaças sempre surtiram bom efeito porque ele conhecia bem essa faceta da humanidade".

O meio justificando o fim:

"Faça, pois, um príncipe por vencer e conservar o estado, que os meios serão sempre tidos como honrosos e dignos de louvor, porque o vulgo é sempre atraído pelas aparências e pelo fato consumado".

É imprudente o príncipe que fortalece outros estados, pois seria trabalhar para a própria ruína. Doutro lado, também pode conduzir um príncipe à ruína, se numa contenda entre dois outros ele ficar indeciso. Tendo que tomar partido, que o faça aberta e francamente, que, se assim não fizer, estará revelando fraqueza e o resultado poderá lhe ser fatal.

No que tange aos conselheiros, que os tenha, mas que sejam sábios e que só se manifestem quando consultados e não quando querem fazê-lo. Deve evitar conselheiros que o dominem.

Leve-se em consideração, porém, que só pode ser aconselhado quem é sábio por si mesmo. E os ministros devem ser escolhidos entre os que pensem mais no príncipe do que em si mesmos, o que não impede que os cumule de atenções e riquezas para que lhes sejam sempre fiéis.

Como Maquiavel não quis deixar de lado um assunto que reputava da maior importância, faremos referência a ele. Trata de um erro que os governos facilmente cometem: acreditar nos aduladores. "Os homens são tão suscetíveis à lisonja e de tal maneira se iludem, que dificilmente se livram dessa corja. E quando querem afastá-la correm o risco de situações desagradáveis, porque não há outro meio de evitar a adulação a não ser admitindo que todos digam a verdade. Mas quando todos podem dizer a verdade, acabam faltando com o devido respeito. Portanto, um príncipe prudente deve portar-se de forma diferente, escolhendo homens discretos que dirão a verdade apenas sobre o que lhes for perguntado e nada mais".

O Florentino considera covardes todos os príncipes italianos que após uma longa posse perderam seus estados, entregando-os a estrangeiros.

Aqui ele revela seu desejo mais íntimo, que vai muito além dos interesses que o levaram a escrever *O Príncipe*. A causa foi a necessidade, mas, no final, muda a trilha e exprobra os que levaram a Itália a tantas divisões e facções.

Quer o seu ressurgimento e isto se encontra no último capítulo do livro, que foi chamado por Edgard Quinet de "Marselha do século XVI". Charles Bonoist dirá "grito que ressuscita um povo". E Jean-Jacques Chevallier acrescenta: "O grito que haverá de ser recolhido, em três séculos e meio, por Cavour e Garibaldi"[14].

E vê nos Médicis que haviam voltado ao governo de Florença e que davam à Igreja o Papa Leão X (Giovanni de Médici), a esperança da emancipação italiana.

Maquiavel não viu *O Príncipe* impresso. Os originais entregues a Lourenço de Médici, sendo que Médici é nome que se ligaria à História do Brasil quando da presença dos franceses no Maranhão, ficaram esquecidos. O Florentino morreu em 1527 e só em 1531 o seu livro foi publicado com as licenças da Igreja, no reinado do Papa Clemente VI, e sem nenhum alarde. Ainda não havia chegado o seu momento que, entretanto, não tardará. As lutas da segunda metade do século XVI colocá-lo-ão em evidência e a partir daí Maquiavel nunca mais teve sossego pelo séculos seguintes. Malsinado e glorificado, aquelas poucas páginas o tornaram famoso, o que não lhe teria acontecido se só deixasse a parte mais trabalhada da sua obra. Seria apenas um nome a ser citado de vez em quando entre os muitos nomes da Renascença.

Vinte e seis anos após Clemente VI ter autorizado sua publicação, *O Príncipe* foi colocado no *Índex*, em 1557, pelo Concílio de Trento, ao tempo do sumo Pontífice Paulo IV.

"E os protestantes abominam Maquiavel como jesuíta. Mas os jesuítas não menos vigorosamente o denunciam à indignação católica. O livro do jurisconsulto protestante Innocent Gentillet, publicado em 1576, *Discurso Sobre os Meios de Bem Governar, Contra Nicolau Maquiavel Florentino*, terá por complemento, em 1592, o *Julgamento de Nicolau Maquiavel*, pelo Padre Jesuíta Antonio Possevin, que aliás só leria Maquiavel através de Gentillet. Os jesuítas de Ingolsdat, na Baviera, pedem para queimá-lo em efígie. É

[14] Ob. cit. p. 43.

assim que, à verdadeira personagem do secretário florentino, sucedeu decididamente, ao raiar do século XVII, um monstro místico. O companheiro alegre, cáustico e atrevido, bom funcionário, bom pai e bom esposo (a despeito de múltiplas extravagâncias), cedeu lugar a uma figura sombria e satânica, aureolada de prestígios infernais"[15].

Se era tão atacado é porque tinha adeptos. E muitos. Pagou e paga pelo que fez e pelo que não fez. Richelieu e Mazarino seguem suas idéias e os absolutistas têm nele o seu papa, o que não impede que Rosseau, como atrás dissemos, veja nele um republicano, desmascarador de reis. Montesquieu acha-o um grande homem[16].

"Maquiavelo se ha convertido em una especie de personage clave de nuestra época, sin que esto quiera dicir que sus ideas em torno a la politica y al arte de gobernar no hayan acompanado los pasos de todos los grandes personages de la Edad Moderna"[17]. Já citamos Gramsci e calha, aqui, lembrar que Mussolini escreveu, em 1924: "A doutrina de Maquiavel está mais viva hoje de há quatro séculos", para aliciar correligionários.

Temos, assim, um Maquiavel que tanto é usado por totalitários quanto é admirado por democratas e liberais. Ao iniciar *O Príncipe*, não tinha outra intenção a não ser a de sair da pobreza a que ficara reduzido, ao perder o emprego e ser exilado. Ensinava ao príncipe como se tornar poderoso, sem se preocupar com os meios, e o incitava a redimir e unificar a Itália humilhada, invadida e retalhada.

Possivelmente desejasse ter um único leitor, Lorenzo de Médici. E Lorenzo, possivelmente não o leu. Morto Maquiavel

[15] Idem, idem, p. 47.

[16] "J'adopterois bien la maxime de ce grande homme..." *De l'Esprit de Lois*, L, VI, Cap. V.

[17] George Uscatescu, *Maquiavelo y la Pasion del Poder*. Madrid, 1969, p. 12.

desapareceu o objetivo que inspirou o livro. Mas seu destino é bem outro, muito maior do que a intenção imediata do Florentino. Maquiavel quis ensinar a um príncipe como se conquista e conserva um estado e acabou sendo autor de cabeceira dos absolutistas, ao mesmo tempo que ensinou aos liberais e ao povo os métodos daqueles. Nisto é o republicano dos *Discursos* e o exemplar funcionário da República Florentina, exaltado por Rosseau. É o pensador que afirma que a única maneira de vencer o homem livre é liquidá-lo.

Enquanto houver luta entre totalitários e democratas, o seu nome será lembrado.

E isto nos faz pensar que ele nunca será esquecido.

Brasil Bandecchi

NICOLAU MAQUIAVEL AO MAGNÍFICO LORENZO DE MÉDICI

Acontece, na maioria das vezes, que aqueles que desejam conquistar as graças de um príncipe lhe oferecem presentes que lhe são os mais agradáveis ou que servem para deleitá-lo. Daí ser o príncipe constantemente presenteado com cavalos, armas, tecidos trabalhados a ouro, pedras preciosas e ornamentos dignos da sua grandeza. Desejando eu oferecer a Vossa Magnificência uma prova da minha gratidão, não encontrei entre meus cabedais algo que parecesse tão valioso e de tanta estima, quanto o conhecimento que tenho das ações da vida dos grandes homens, fruto de longa experiência das coisas modernas e contínua lição das antigas. E tendo longamente meditado sobre elas, depois de bem examinadas resumi-as num pequeno volume, que envio a Vossa Magnificência.

E se bem que não julgue digno da sua presença, confio que, por humanidade, o receba, considerando que de mim não pode haver melhor presente, pois permite que, em breve tempo, entenda aquilo que eu aprendi em tantos anos e à custa de tantos sacrifícios e perigos. Esta obra eu não ornei com períodos cantantes, palavras pomposas e raras, como não usei de artifícios ou ornamentos com os quais muitos têm hábito de escrever e fantasiar as próprias idéias, pois eu quis que o único ornato deste trabalho fossem a verdade e a gravidade do assunto, que o tornarão agradável. Espero que não vejam presunção no fato de um homem de baixo e ínfimo estado desejar discorrer sobre o governo dos príncipes e regulá-lo. Porque, assim como os que traçam o mapa dos países se colocam nas planícies para ver melhor a conformação dos montes e dos lugares altos e para examinar as planícies sobem ao alto dos montes, assim também para conhecer bem a natureza dos povos é necessário ser príncipe, para conhecer a natureza dos príncipes é preciso ser povo.

Receba, pois, Vossa Magnificência, este pequeno presente com o mesmo ânimo com que eu lhe ofereço. E se esta obra for devidamente considerada e lida, Vossa Magnificência perceberá meu ardente desejo que alcance a fortuna e a glória que suas qualidades prometem. E se Vossa Magnificência, do alto do seu posto, alguma vez voltar os olhos para baixo, verá quão sem motivo eu suporto um grande e constante infortúnio.

Capítulo I

DE QUANTAS ESPÉCIES SÃO OS PRINCIPADOS E DE QUE MODO SE CONQUISTAM

Todos os estados, todos os domínios que existiram ou existem e possuem império sobre os homens, foram ou são repúblicas ou principados. Os principados, são hereditários, quando o príncipe os recebe por sucessão, por longo tempo, ou são novos. Os novos, ou são inteiramente novos, como Milão ao tempo de Francisco Sforza[1], ou são como membros anexados a um estado hereditário do príncipe que os recebe, como o reino de Nápoles ao Rei da Espanha. São estes estados assim adquiridos, ou acostumados a viver sob o governo de um príncipe, ou são livres; ou são adquiridos com armas alheias ou próprias, por sorte ou por mérito.

[1] Francisco Sforza (1401-1466), pela herança militar do pai e por valor próprio, bem como pelo casamento com a filha de Filipe Visconti, Duque de Milão, desempenhou grande papel histórico na Itália.

Capítulo II

DOS PRINCIPADOS HEREDITÁRIOS

Deixarei de falar das repúblicas, porque em outra obra já tratei delas longamente[1]. Cuidarei, assim, somente dos principados e procurarei demonstrar como os principados hereditários podem ser conquistados e mantidos.

Nos estados hereditários e afeiçoados à família, do seu príncipe, são bem menores as dificuldades de mantê-los, pois basta que não sejam abandonadas as instituições ou costumes dos seus antepassados e, depois, se harmonize com as situações de forma que tal príncipe, de ordinário engenho, sempre se manterá no seu estado, a menos que uma força extraordinária o prive do poder. E mesmo assim ele, por pior que seja, o readquire.

Temos na Itália um exemplo, o Duque de Ferrara[2], que não deteve o ataque dos vênetos em 1484, nem os do Papa Júlio[3] em 1510, pela razão de estar em antigo domínio da sua família. Porque o príncipe hereditário tem menos oportunidades e menos necessidade de se defender, donde resulta ser mais amado. E se defeitos incomuns não o tornarem odiado é natural que seja benquisto dos seus. E na antigüidade e continuidade do domínio apagam-se a memória e as causas das inovações, porque sempre uma inovação deixa engrenada a edificação de outra.

[1] Discursos, escritos entre 1513 e 1519.
[2] Ercoles D'Este (1471-1505).
[3] Júlio II.

Capítulo III

DOS PRINCIPADOS MISTOS

A dificuldade está nos principados novos. E, não se tratando de um principado inteiramente novo, porém de um membro anexado a um estado, é o que se pode chamar de principado misto. De suas variações surge, logo, uma natural dificuldade, que se encontra em todos os principados novos, pois que os homens mudam espontaneamente de senhor, acreditando melhorar. E esta crença os faz pegar em armas contra seu antigo príncipe e nisto se enganam porque a experiência lhes mostrará que pioraram. Isto resulta de outra necessidade natural e comum, que faz com que o novo príncipe desgoste seus súditos com sua gente armada e com infinitos meios de agressões que uma recente conquista exige. Deste modo tem inimigos em todos aqueles que foram prejudicados na ocupação do novo principado. E não poderá conservar como amigos aqueles que o ajudaram na conquista, pois que não serão satisfeitos como esperavam e se revoltarão, porém como lhes deve a ascensão não terá meios de usar contra eles medidas enérgicas. E mesmo que disponha de exércitos poderosos, necessita da colaboração dos habitantes da província conquistada para nela se estabelecer. Por estas razões, Luís XII, da França, ocupou tão rapidamente Milão como rapidamente a perdeu, bastando para impedir-lhe o domínio as forças de Ludovico[1], porque aqueles que lhe abriram as portas, vendo-se enganados nas suas ambições de bens futuros, não suportaram o fastio do novo príncipe.

[1] Ludovico Sforza, Duque de Bari, usurpador do Ducado de Milão, em 1476.

É bem verdade que se conquistando pela segunda vez os países rebelados é mais difícil perdê-los, porque o príncipe pretextando a rebelião anterior, não hesitará muito em garantir-se punindo os rebeldes, esclarecendo as suspeitas e prevenindo-se onde estiver mais fraco. Assim, para a França perder Milão bastou, na primeira vez, que o Duque Ludovico apenas ameaçasse em suas fronteiras, agitando-as; na segunda foi necessário que tivesse todos contra ele e que seus exércitos fossem caçados, aniquilados e expulsos da Itália, o que decorreu das razões mencionadas. Mesmo assim Milão foi tomada por duas vezes. As causas gerais da primeiras estão ditas. Resta, agora, expor as da segunda e ver os meios que a França empregou para melhor conservar a conquista. Estes estados conquistados ou anexados a um estado antigo, ou são da mesma província e da mesma língua ou não são. Quando são é mais fácil sujeitá-los, principalmente quando estão acostumados a viver livres, e para que se assegure a posse deles, basta extinguir a linha do príncipe que reinava, porque nas outras coisas, mantendo-se a condição antiga e não havendo desconformidade de costumes, os homens vivem calmamente, como aconteceu na França nos casos da Borgonha, da Bretanha, da Gasconha e da Normandia[2], embora haja alguma diferença de língua, o mesmo não acontece com os costumes que são semelhantes, o que lhes permite viver sem atritos.

O conquistador, para mantê-los, deve seguir duas diretrizes: primeiro, eliminar a estirpe do seu antigo príncipe, e, segundo, não alterar suas leis nem seus tributos, de tal maneira que em brevíssimo tempo forme com o principado antigo um único estado.

Mas quando se conquistam estados em uma província de línguas, leis e costumes diversos, surgem dificuldade e, aqui, é

[2] A Borgonha foi anexada à França, em 1477; ANormandia, em 1204; Gasconha em 1453 e a Bretanha, em 1491.

preciso haver grande sorte e grande habilidade em conservá-los. E um dos meios mais eficazes é ir o conquistador estabelecer-se neles. Isto torna sua conquista mais segura e mais durável. Como fez o Turco da Grécia[3], o qual com todas as normas adotadas para dominar aquele estado, não o teria mantido se não o fosse habitar. Porque, estando o príncipe presente, pode debelar as revoltas no seu nascedouro prontamente; de outro modo, estando ausente, só tem notícias delas quando não há mais remédio. Além do mais, os oficiais do príncipe não devem saquear a província conquistada. Os súditos ficarão satisfeitos podendo valer-se mais facilmente do príncipe e terão mais razões para aceitá-lo, procurando serem bons, ou de temê-lo. Os ataques externos serão mais difíceis e, habitando-o, o príncipe dificilmente o perderá.

Outro meio eficaz é fundar colônias em um ou dois lugares, que são grilhões prendendo aquele estado, pois é preciso fazer isso ou dispor de muita gente armada e infantaria. As colônias não são dispendiosas e, por isso, podem ser feitas e mantidas com pouca coisa. Os únicos prejudicados são os que perdem os campos a favor dos novos habitantes, que são mínima parte do estado. E os espoliados ficando dispersos e pobres não podem prejudicar o príncipe ou causar-lhe danos. Os que não forem prejudicados silenciarão facilmente, receosos de que lhes aconteça o mesmo. Concluo que estas colônias não custam nada, são mais fiéis e aborrecem menos. E também, os prejudicados não podem ser nocivos ao príncipe, sendo pobres e dispersos, como ficou dito.

Por aí se deve notar que os homens ou devem ser agravados ou liquidados, porque se se vingam das ofensas leves, das graves não podem fazê-lo. Assim, a ofensa feita ao homem deve ser de tal modo, que não se tema vingança. Agora,

[3] Maquiavel chama de Grécia toda a Península Balcânica.

conservando-se gente armada ao invés de organizar colônias, gastasse muito, pois a gente armada absorve toda a receita do estado. Com isso a conquista torna-se infrutífera e traz prejuízos com a movimentação e alojamento da tropa. Todos sofrem esses incômodos e acabam por se transformar em inimigos; e inimigos que, estando na própria casa, podem fazer mal. Por todos os movimentos é útil manter colônias e prejudicial a guarda armada.

Deve ainda o príncipe, em uma província estranha, conforme já foi referido, fazer-se chefe e defensor dos habitantes mais fracos e procurar enfraquecer os mais poderosos, além de evitar que entre eles, por acaso, se instale um estrangeiro tão poderosos quanto ele, pois sempre haverá descontentes que, por ambição ou temor, procurem alguém para socorrê-los. Isto aconteceu com os etólios que chamaram os romanos à Grécia, como aliás faziam as províncias conquistadas. É natural que logo que um estrangeiro poderoso chegue a uma província dominada por outrem, todos os que se acham submetidos adiram a ele, movidos pelo desejo de derrotar aquele que os submetera. Assim recebe um apoio espontâneo. Mas nesse caso os que obtêm o concurso do estrangeiro libertador, devem, por sua vez, evitar que ele se fortaleça e que tenha muita autoridade, porque, tendo abatido o invasor com suas próprias forças, acaba por tornar-se árbitro da província. E aquele que não fizer assim perderá logo o seu principado, e enquanto o tiver em seu domínio enfrentará dificuldades e dissabores.

Os romanos, nas províncias que conquistaram realizaram essa política com bons resultados. Organizaram colônias, auxiliaram os fracos sem lhes dar mais poder, abateram os poderosos e impediram que os estrangeiros se fortalecessem. Usarei, como exemplo, apenas a província da Grécia. Roma manteve os aqueus e os etólios, abateu o reino dos macedônios e expulsou Antíoco. Entretanto nem os méritos dos aqueus ou dos etólios fizeram que aumentassem os seus estados. Nem Filipe[4] induziu os romanos a serem seus amigos nem permitiram a Antíoco manter qualquer estada naquela província. Os romanos, neste caso, fizeram o que todos os príncipes inteligentes devem fazer, ou seja, não só prever as dificuldades presentes, mas também, as futuras. Assim, obstando-as habilmente, de forma que, a tempo, se possa dar-lhes pronto corretivo, evitando que se tornem incontroláveis. Recordemo-nos o que dizem os médicos da tísica, que, no princípio, é fácil de curar e difícil de diagnosticar, e que, com o correr do tempo, não tendo sido descoberta nem medicada, torna-se fácil de conhecer e difícil de curar. Tal se dá com as coisas do estado: conhecendo-se os males com antecedência, o que só acontece com os homens vigilantes, serão evitados no nascedouro. Mas quando se avolumam, por serem totalmente desconhecidos, tornam-se irremediáveis.

Os romanos, porém, que previam as perturbações, sempre lhes deram remédio e jamais as deixaram evoluir, afastando o campo da guerra, porque sabiam que a guerra não pode ser evitada, e quando protelada se torna favorável aos outros. Por isso fizeram guerra a Filipe e Antíoco na Grécia, para que ela não se travasse na Itália. Podiam evitar uma e outra, mas não o quiseram. Jamais agradou aos romanos, o que dizem que está na boca das pessoas prudentes da nossa época – *aproveitar o benefício do tempo* – mas antes se louvavam na sua virtude e prudência, porque o tempo adia os acontecimentos e pode suceder que, com isso, o bem se mude em mal e o mal em bem.

Mas tornemos à França e examinemos como procedeu em situações semelhantes. E falarei de Luís e não de Carlos[5], pois o primeiro teve mais longa possessão na Itália e deixou quadro

[4] Filipe V, da Macedônia.

[5] Carlos VIII, sucedido por Luís XII no trono da França, em 1498.

mais definido do seu procedimento. E se verá que ele fez o contrário do que se deve fazer para conservar um estado diferente do próprio.

O Rei Luís foi chamado à Itália pela ambição dos vênetos, que, com isto, quiseram ganhar a Lombardia. Eu não quero criticar o partido que o rei tomou, porque desejando firmar pé na Itália e não tendo amigos nesta província e com todas as portas fechadas pelos precedentes do Rei Carlos, foi obrigado a unir-se com quem pudesse. E se sairia bem na decisão tomada se não tivesse errado em outras decisões. Conquistada, pois, a Lombardia, o rei recuperou, logo, a reputação que Carlos perdera. Gênova cedeu; os florentinos tornaramse seus amigos: o Marquês de Mântua, o Duque de Ferrara, Bentivogli, a Senhora de Forli, o Senhor de Faenza, de Pescaro, de Rimini, de Camerino, de Piombino, os luqueses, os pisões e os sieneses, todos buscaram sua amizade. Aí compreenderam os venezianos a temeridade de sua resolução, pois, para obter parte da Lombardia, acabaram entregando ao Rei Carlos dois terços da Itália.

Considere-se, agora, como, sem grande dificuldade, poderia o rei manter o seu domínio na Itália se tivesse observado as regras retro referidas, assegurado o defendido todos os seus amigos, que por serem numerosos, débeis e tímidos, alguns da Igreja e outros venezianos, tinham necessidade de sua proteção. E, por meio deles, podia facilmente defender-se dos que continuaram fortes. Mas logo que se encontrou em Milão fez o contrário, dando ajuda ao Papa Alexandre para que ocupasse a Romanha. Nem lhe ocorreu que com essa deliberação se enfraquecia, afastando os amigos e os que se tinham chegado a ele e fortificava a Igreja, somando ao poder espiritual que já lhe dava tanta autoridade, outro tanto de poder temporal. Depois deste primeiro erro teve que praticar outros e para colocar termo na ambição de Alexandre, a fim de que ele não se tornasse senhor da Toscana, teve que vir à Itália. Não lhe bastou tornar a Igreja forte e privar-se de seus amigos, mas, por querer o reino de Nápoles, dividiu-o com o Rei da Espanha[6]. E ele que era árbitro na Itália levou para Nápoles um sócio ao qual os ambiciosos e descontentes se uniram contra ele. E, ao invés de deixar naquela província um rei que fosse seu tributário, colocou um que poderia afastá-lo de lá.

É verdadeiramente muito natural o desejo de dominar e os homens que o conseguem serão sempre louvados e não censurados. Mas quando querem fazê-lo sem o poder, e o tentam de qualquer maneira, estão errados e merecem desaprovação. Se a França, com suas forças, podia atacar o reino de Nápoles, devia fazê-lo; se não podia não devia partilhá-lo. E se a divisão que fez da Lombardia com os vênetos se justifica por ter, com isso, firmado pé na Itália, a outra, a de Nápoles, deve ser reprovada porque sem nenhuma necessidade.

Luís cometeu, portanto, cinco erros: acabou com os menos poderosos, fortaleceu ainda mais um poderoso da Itália (o Papa), chamou um estrangeiro poderosíssimo, não veio habitar na Itália e não fundou colônias. Estes erros poderiam não prejudicá-lo se não tivesse cometido um sexto; o de subtrair o território dos venezianos. Não tivesse fortalecido a Igreja nem introduzido na Itália o Rei da Espanha, o ato contra os vênetos seria justificável. Mas já que tomara tais resoluções não devia fazer a ruína de Veneza, porque, sendo os vênetos poderosos, teriam sempre afastados os que queriam tomar a Lombardia, não consentindo, assim, que outros dominassem essa província, que eles aspiravam para si, enquanto outros não queriam tirá-la da França para entregá-la aos venezianos, nem teriam ânimo para lutar contra ambos. E se alguém objetar: o Rei Luís cedeu a Alexandre a Romanha e à Espanha um reino para evitar a guerra, respondo com as ra-

[6] Fernando, o Católico.

zões já expostas, que não se deve jamais permitir uma desordem para evitar uma guerra, porque ela não se evita, apenas se adia, com desvantagem própria. E se outros alegassem que o Rei fizera promessa ao Papa de fazer aquela concessão em troca do seu divórcio[7] e do chapéu de Rouen[8], direi, mais adiante qual minha opinião a respeito da palavra dos príncipes e como devem eles cumpri-las.

Assim, o Rei Luís perdeu a Lombardia por não ter seguido nenhuma das normas observadas por outros que conquistaram províncias e tiveram o ânimo de conservá-las. Isto não é milagre algum, mas coisa comum e razoável. E a respeito, falei, em Nantes, com Rouen[9], quando Valentino (assim era chamado popularmente César Bórgia), filho do Papa Alexandre, ocupava a Romanha. Disse-me, então, o Cardeal de Rouen que os italianos não entendiam de guerra, ao que lhe respondi que os franceses não entendiam das coisas do estado, porque se entendessem não teriam permitido que a Igreja fosse tão forte. E pelos fatos se vê que a grandeza da Igreja, na Itália, bem com a da Espanha, deve-se à França. E a ruína da França motivada por ambas. Daqui temos uma regra geral, que nunca ou raramente falha: quando alguém torna poderoso a outro, arruina-se, porque aquele poder vem da sua astúcia e da sua força, e uma e outra são suspeitas ao novo poderoso.

[7] Alexandre VI consentiu no divórcio de Luís XII com Joana, irmã de Carlos VIII. Luís XII casou com a viúva de Carlos VIII, Ana da Bretanha.
[8] Chapéu de Cardeal, que Alexandre VI concedeu a Jorge de Amboise, arcebispo de Rouen.
[9] Em 1500, quando Maquiavel esteve como delegado de Florença pela primeira vez, na França.

Capítulo IV

POR QUE RAZÃO O REINO DE DARIO, QUE FOI OCUPADO POR ALEXANDRE, NÃO SE REBELOU CONTRA SEUS SUCESSORES APÓS A SUA MORTE

Consideradas as dificuldades que existem para se conservar um estado recém-conquistado, poderia causar espanto como Alexandre Magno se tornou senhor da Ásia em poucos anos, e vindo a morrer mal a havia ocupado, não houvesse, o que seria admissível, uma única sublevação. E os sucessores de Alexandre ali se mantiveram sem dificuldades, a não ser as que eles próprios criaram. Esclareço que os principados, dos quais se tem lembrança, foram governados de duas formas diversas: ou por um príncipe auxiliado na administração por ministros nomeados por sua livre vontade; ou por um príncipe e barões, que ocupam cargos, não por sua nomeação, mas que são ministros por antigüidade de sangue que lhe dá tal preeminência. Estes barões possuem estados e súditos próprios, que os reconhecem como senhores e lhes votam natural afeição. Nos estados governados por um príncipe e por ministros por ele escolhidos, o príncipe tem mais autoridade, porque em toda a província ninguém lhe é superior, e se obedecem a algum outro o fazem como a um ministro nomeado, sem lhe dedicar nenhuma consideração.

Os exemplo destas duas espécies de governo são, em nossos tempos, o do Turco[1] e o da França. Toda a monarquia do Tur-

[1] Refere-se ao Império Otomano e ao próprio Sultão.

co é governada por um senhor e por seus servidores. Seu reino é administrado por "sandjaks[2]", servidores dos quais dispõe e transfere de um lugar para outro conforme sua vontade. O mesmo não acontece com o Rei da França que se encontra cercado por uma multidão de antigos senhores, que em seus estados são reconhecidos e respeitados por seus súditos, que gozam de prerrogativas, que o Rei tem que respeitar, para não correr perigo. Quem examina a estrutura desses estados, verá que é difícil conquistar o Turco, mas, uma vez dominado, é facílimo conservá-lo. As causas das dificuldades em poder ocupar o reino Turco estão em não se poder considerar príncipes os daquele reino, nem esperar que os que o cercam facilitem a empresa com uma rebelião. E isto pelas circunstâncias apontadas. E, ainda, porque sendo todos escravos e obrigados, dificilmente serão corrompidos e mesmo que se corrompessem, seriam de pouca utilidade, uma vez que não têm condições de influir no povo. Daí se conclui que quem quiser atacar a Turquia, deve considerar a sua unidade, convindo-lhe mais confiar nas próprias forças do que nas desavenças internas. Mas vencida que fosse e dispersado o seu exército de forma a que não possa refazer-se, não se deve ter preocupação a não ser com a família do príncipe. Liquidada esta nada mais há a temer, pois que só ela tem ascendência sobre o povo. Assim, se antes da vitória nada se podia esperar deles, depois nada há a temer. O contrário acontece nos reinos como o francês, porque não é difícil ganhar a confiança de algum barão, pois sempre existem os descontentes e reformadores. Estes, pelas razões conhecidas, podem abrir caminho ao inimigo e facilitar-lhe a vitória. Mas, depois, querendo consolidar a conquista, surgem inúmeras

[2] São nos exércitos turcos, os oficiais secundários que levam como sinal de dignidade uma cauda de cavalo, conforme o nome indica. Os *sandjaks* administram pequenas divisões de pachalatos, denominadas *sandjakatos*.

dificuldades criadas pelos seus colaboracionistas e pelos vencidos. Nada vale exterminar com a família reinante, porque permanecem aqueles senhores que encabeçam novas rebeliões, e como não é possível liquidá-los todos nem contentá-los, o invasor perderá o estado em qualquer momento em que se apresente ocasião propícia.

Agora, se se considerar a natureza do reino de Dario, ver-se-á que se assemelha ao da Turquia e se a Alexandre foi necessário primeiro abater e, depois, desbaratar o inimigo todo, com a morte de Dario teve Alexandre o estado seguro, como sabemos. E se os sucessores de Alexandre fossem unidos poderiam usufruir os ócios do poder. Neste reino não houve tumultos senão os que eles mesmos provocaram. No que tange aos estados organizados como a França, é impossível dominá-los com igual facilidade. Explicam-se, assim, as contínuas rebeliões da Espanha, da França e da Grécia, quando sob o domínio dos romanos. Havia na Grécia inúmeros principados e enquanto existiu a memória de suas instituições, nunca os romanos puderam sentir-se absolutamente tranqüilos em seus territórios. Desaparecida, porém, a lembrança daqueles principados, pela potência e duração do seu domínio, tiveram os invasores tranqüilidade e segurança completas. Os romanos quando mais tarde desavieram-se entre si, conseguiram manter parte daquelas províncias, segundo a autoridade que cada uma possuía sobre elas. E essa províncias, tendo sido extinta a progênie dos seus antigos senhores, não reconheceram outros que não os romanos. Consideradas, assim, todas estas coisas, não se admirará ninguém das facilidades que teve Alexandre para consolidar-se na Ásia e das dificuldades que outros encontraram para conservar suas conquistas, como aconteceu a Pirro e a muitos outros. Estas situações se originam não só do valor do vencedor, mas também, da diferença dos povos vencidos.

Capítulo V

DO MODO DE SE GOVERNAREM AS CIDADES OU PRINCIPADOS QUE ANTES DE SEREM OCUPADOS SE REGIAM POR LEIS PRÓPRIAS

Quando se conquistam estados que se governam por suas próprias leis e vivem em liberdade, existem três modos de conservá-los: o primeiro é aniquilá-los; o outro, é ir habitá-los pessoalmente; e o terceiro, é deixá-los viver sob suas leis, cobrando-lhes tributo moderado e organizando um governo de poucas pessoas que se conservem fiéis ao conquistador. Quanto ao terceiro, é de se notar, que, sendo o governo constituído pela vontade e pela amizade do príncipe, não subsistirá sem o seu apoio e, daí, tudo fazer para fortalecê-lo. No que tange aos seus cidadãos, acostumados a viver livres, este é ainda o melhor meio para conquistá-lo.

Como exemplo temos os espartanos e os romanos. Os espartanos constituíram em Atenas e Tebas um governo de poucos e as perderam novamente. Os romanos para manterem-se em Cápua, Cartago e Numância, arrasaram-nas. E não as perderam. Mas quiseram manter-se na Grécia como fizeram os espartanos, deixando-a livre e com suas leis. Não tiveram sucesso e foram obrigados a aniquilar muitas cidades daquela província para mantê-la sob seu domínio, porque, na verdade, não há forma mais segura de subjugar uma província do que destruí-la. E quem se tornar senhor de uma cidade acostumada à liberdade e não a destruir, não há dúvida, será destruído pelo seu povo. Essas cidades, na rebelião, terão como bandeira o facho da liberdade e suas antigas leis, que não esquecem por mais que o tempo passe e por mais benefícios que recebam. Por mais que o dominador faça e se acautele, se seus habitantes permanecerem unidos e entre eles não medrar a intriga, eles acalentarão sempre aqueles princípios e sob sua égide, em qualquer momento, valendo-se deles, farão como Pisa cem anos depois de se achar subjugada pelos florentinos. Mas quando as cidades ou as províncias estão habituadas a viver sob o governo de um príncipe, extinta sua casa, acostumadas à obediência e sem o antigo senhor, não saberão escolher entre eles um novo príncipe nem saberão viver em liberdade. Por isto são os que mais tardam em pegar em armas e, desta forma, poderá um príncipe facilmente dominá-las, apossar-se delas e ganhar a estima do povo. Nas repúblicas há mais vida, o ódio é mais forte e há mais desejo de vingança, e o povo não deixa nem pode deixar adormecer a memória da antiga liberdade: por tudo isso, o caminho mais seguro é arrasá-las ou habitá-las.

Capítulo VI

DOS PRINCIPADOS NOVOS QUE SE CONQUISTAM COM AS PRÓPRIAS ARMAS E VALOR PRÓPRIO

A ninguém deve causar admiração, se ao que vou dizer acerca dos principados inteiramente novos, de príncipes e estados, eu apresente exemplos famosos. Os homens andam, quase sempre, por caminhos já trilhados por outros e agem por imitação. Mas não podem seguir em tudo aquele que tomam por modelo, nem às suas qualidades acrescentar algo; devem, entretanto, os homens prudentes seguir as pegadas dos varões insignes e imitá-los, e, embora não cheguem a igualá-los, que procurem, ao menos, aproximar-se deles. E fazer como os arqueiros habilidosos que, querendo atingir um alvo muito distante e conhecendo o alcance do seu arco, colocam a mira bem mais alto que o ponto a ser atingido, não para que a seta vá acima dela, mas para acertar no alvo. Digo, agora, que nos principados inteiramente novos, onde haja um príncipe novo, existem, para mantê-los, maiores ou menores dificuldades, que resultam das qualidades de quem conquistou. E como o fato de alguém passar de simples cidadão a príncipe pressupõe valor ou sorte, parece que uma dessas duas coisas aplaina, em parte, muitas dificuldades. Entretanto, quem menos confiou na sorte manteve a conquista por mais tempo. Torna, ainda, fácil a posse do principado novo, quando o príncipe, não possuindo outros estados, se vê obrigado a nele habitar. Mas aqueles que por virtude e não por sorte se elevam a príncipes, tornam-se os mais famosos como Moisés, Ciro, Rômulo, Teseu e outros que lhes são iguais. E embora sobre Moisés não se deva discorrer, porque ele foi mero instrumento da vontade de Deus, é de ser admirado pela graça que teve de falar com o Criador. Fixemo-nos, no entanto, em Ciro e nos outros que conquistaram ou fundaram reinos e os acharemos admiráveis e se considerarmos seus atos e suas leis, veremos que não discrepam de Moisés, que teve tão grande preceptor. E, examinando-lhes a vida e as ações, nota-se que eles não receberam da fortuna nada além de oportunidade de poder agir segundo suas conveniências. Mas sem a oportunidade, suas qualidades pessoais não se revelariam, e sem suas qualidade de nada valeria a oportunidade. Era condição inamovível, que Moisés encontrasse o povo de Israel oprimido e escravizado no Egito, para que ele o seguisse, a fim de conseguir sua liberdade. Para que Rômulo se tornasse fundador e Rei de Roma, foi preciso que fosse exposto ao nascer e não encontrasse pouso em Alba. Ciro teve que encontrar os Persas descontentes do império dos Medas e estes enfraquecidos e efeminados por uma longa inércia. Teseu só pôde demonstrar suas virtudes porque os atenienses estavam desunidos. Tais oportunidades, portanto, tornaram estes homens, por suas virtudes, bem sucedidos, porque souberam aproveitá-las. E, com isso, tornaram célebres e felizes suas pátrias.

Aqueles que, com iguais virtudes, se tornam príncipes e conquistam o principado com dificuldades, com facilidade o conservam. A dificuldade que encontram para manter o principado resulta, em parte, da legislação e costumes que são obrigados a ditar para a criação do seu estado e sua segurança. Deve-se considerar que não há nada mais difícil, nem de resultado mais duvidoso e perigoso do que mudar as leis de um povo, porque esta transformação terá forte resistência dos que se beneficiavam das leis antigas e as leis novas não encontrarão, com igual ânimo e por timidez, defensores entre os que estas vieram a favorecer. A timidez resulta parte do medo dos adversários, parte da desconfiança dos homens que não acreditam em novidades, senão quando alicerçadas em segura experiência. Donde temos, que os inimigos sempre que se lhes oferece ocasião de se rebelar o fazem partigianamente, enquanto os aliados do príncipe o defendem frouxamente, levando-o à derrota. Impõem-se, portanto, esclarecer bem este ponto, examinar se os inovadores possuem sustentação própria ou de dependem de outros, isto é, se para levar avante seu plano dependem de apoio alheio ou se realmente o podem impor. No primeiro caso fracassam sempre e nada conseguem, mas quando podem impor suas próprias forças então raras vezes periclitam. Eis porque todos os profetas armados venceram e os desarmados foram vencidos. Porque, além do que foi dito, a natureza dos povos é instável, daí ser fácil persuadi-los e difícil mantê-los na persuasão. Isto ensina que quando o povo não crê mais é preciso fazêlo crer à força. Moisés, Ciro, Teseu e Rômulo não teriam feito vigir longamente suas constituições se fossem desarmados, como nos nossos dias aconteceu com Frei Girolamo Savonarola[1], que viu suas tentativas de reforma ruírem, quando o povo começou a descrer dele e ele não mais dispunha de meios para manter fiéis os que até então o seguiam e nem de converter os descrentes da fé. Os que se encontram nesta situação enfrentam grandes dificuldades e inúmeros perigos pelo caminho, que devem superá-los com coragem. Mas superados os perigos, começam a ser respeitados e tendo destruído os invejosos, tornam-se poderosos, seguros, honrados e felizes.

A tão altos exemplos[2] eu vou juntar um exemplo menor, que tem com eles alguma relação e que serve para outros seme-

[1] Savonarola, dominicano, chamado pelos Médicis para pregar em Florença. Com a queda dos Médicis, fundou uma república e acabou executado em 1498.

[2] Moisés, Rômulo e Ciro.

lhantes. E o de Hierão Siracusano[3], que de particular se tornou príncipe de Siracusa apenas pela oportunidade. Encontravam-se os siracusanos oprimidos e escolheram-no para seu capitão e daí se alçou ao principado. E por sua grande virtude, tanto na vida pública como na vida privada, dele se disse: "Para reinar nada lhe faltava a não ser o reino". Ele dissolveu a velha milícia e organizou uma nova. Abandonou velhas amizades e conquistou novas. E tendo, assim, feito novos amigos e soldados fiéis, pôde, com tais bases, edificar o que quis. Foi-lhe penosa a conquista mas fácil de mantê-la.

[3] Hierão II (306-214 a.C.) Senhor de Siracusa.

Capítulo VII

DOS PRINCIPADOS NOVOS QUE SE CONQUISTAM COM ARMAS E VIRTUDE ALHEIAS

Aqueles que chegam ao poder somente levados pela fortuna atingem ao principado com pouco esforço, mas lutam muito para nele se manter. A ascensão é fácil e rápida. As dificuldades aparecerão depois. São estes que obtiveram algum estado, por dinheiro ou por favor de outrem, como aconteceu na Grécia, nas cidades da Iônia e do Helesponto, onde houve príncipes feitos por Dario, com o objetivo de manter sua glória e segurança. E ainda como aconteceu com simples cidadãos que, corrompendo os soldados, se tornaram imperadores[1]. Estes estão sujeitos sempre à vontade e à sorte dos que os guindaram ao poder. Sorte e vontade são duas coisas volubilíssimas e instáveis. E, apesar disso, tais príncipes não sabem e não podem manter o governo: Não sabem porque não são homens de grande engenho e virtude e não é aceitável que, administrando sempre interesses privados, entendam da coisa pública. Não podem porque não dispõem de forças fiéis e amigas. E mais. Os estados que se constituem de improviso, como todas as coisas que nascem e crescem rapidamente, não são de raízes profundas nem de natureza segura e, ao primeiro golpe da adversidade, desabam, a não ser que o príncipe saiba logo preparar-se para conservar o poder que a sorte lhe pôs na mão, e ainda, com a mesma rapidez com

[1] Imperadores romanos. V. Capítulo XIX.

que subiu lance bases sólidas, como fizeram os que o precederam em igual forma de ascensão e, com elas, se firmaram. Desses casos quero apresentar dois exemplos atuais, o de Francisco Sforza e César Bórgia, que se tornaram príncipes por virtude ou fortuna. Francisco, por adequados meios e grande valor, tornou-se, de simples cidadão, Duque de Milão e manteve-se tranqüilo no posto que conquistou lutando. Diferentemente, César Bórgia, chamado pelo vulgo Duque Valentino, obteve o estado com o poder do pai[2] e o perdeu quando este lhe faltou, não obstante ter usado de todos os meios e feito tudo quanto um homem prudente e valoroso faz para deixar raízes num estado que conseguiu com a força e as armas de outrém. Isto porque, quem não prepara, como disse, os fundamentos antes, poderá fazê-lo depois, ainda que seja penoso para o arquiteto e arriscado para o edifício. Se examinarmos todos os sucessos do Duque, veremos que ele lançou os grandes fundamentos para sua futura potência. Não me parece supérfluo insistir neste fato, porque não vejo meios melhores de proceder do que os que ele usou e que só não deram o resultado esperado por causa de extrema e extraordinária adversidade. Alexandre VI, desejoso de engrandecer o Duque, seu filho, enfrentou grandes dificuldades presentes e futuras. Em primeiro lugar, não encontrava possibilidade de fazê-lo príncipe de algum estado que não pertencesse à Igreja e sabia que se pretendesse apoderar-se de alguns destes, não lhe seria permitido pelo Duque de Milão e pelos vênetos, pois Faenza e Rimini já estavam sob a proteção dos últimos. Além disso, os exércitos da Itália, dos quais poderia servir-se, encontravam-se em mãos de quem devia temer o poder papal, e por isso, não podia confiar neles, pois pertenciam aos Orsinis e Colonas e seus sectários. Era, portanto,

[2] Papa Alexandre VI.

necessário contornar a situação, desorganizar seus estados para assenhorear-se, com segurança, de parte deles. Isto lhe foi fácil, porque logo encontrou venezianos que, por motivos escusos, queriam a volta dos franceses à Itália, com o que Alexandre concordou e até facilitou a empresa, anulando o primeiro matrimônio do Rei Luís[3]. Assim, o rei francês entrou na Itália com auxílio dos venezianos e consentimento de Alexandre. Tão logo os franceses chegaram a Milão o Papa conseguiu, com eles, tropas para a conquista da Romanha, empresa que, com a ajuda de Luís XII se tornou possível. Com a conquista da Romanha, batidos os Colonas, o Duque ambicionava ir mais longe, quando foi obstado por duas coisas: suas tropas, que não lhe inspiravam confiança, e a vontade da França. Ou seja, temia que as forças dos Orsini, que o ajudaram na conquista, se voltassem contra ele, impedindo-lhe novas conquistas e até mesmo apoderando-se da Romanha e que o mesmo lhe fizesse o Rei. As suspeitas dos Orsini logo se confirmaram, pois quando atacou Bolonha, após ter tomado Faenza, as notou sem entusiasmo na luta. No que tange ao Rei, percebeu suas intenções quando, dominado o ducato de Urbino, assaltou a Toscana e Luís XII o fez desistir desta campanha. Foi, então, que o Duque resolveu não mais depender de armas e fortuna alheias. E a primeira coisa que fez foi enfraquecer os Orsini e os Colona, em Roma, com a adesão dos seus gentis-homens e fidalgos, aos quais deu altos cargos, grandes pensões e concedeu honrarias, conforme suas posições, o que fez com que aderissem ao seu governo e abandonassem seus antigos partidos. Desunidos os partidários dos Colona, esperou a oportunidade para fazer o mesmo com os Orsini. Quando esta se apresen-

[3] Luís XII, Rei da França, foi casado em primeiras núpcias com a Rainha Joana. Teve seu casamento anulado por Alexandre VI, em troca do seu apoio para conquistar a Romanha. Casou-se com Ana da Bretanha.

tou favorável ele a aproveitou da melhor maneira. Os Orsini, mesmo tendo percebido tarde demais que o poderio de César Bórgia e da Igreja era sua ruína, realizaram um congresso em Mangione[4], na Perúgia, onde prepararam a rebelião de Urbino e os tumultos da Romanha, com evidentes perigos para o Duque, que os dominou com a ajuda dos franceses. Restaurada sua autoridade, o Duque, não confiando mais na França nem nas forças alheias, para não se arriscar, recorreu à astúcia. E tão bem escondeu suas intenções, que os Orsinis, com a mediação do Senhor Paulo[5] se reconciliaram com ele. O Duque, para provar sua amizade, deu ao intermediário Paulo, dinheiro, vestes e cavalos e, com mais larguezas, facilmente atraiu os Orsinis para Sinigallia, onde, tendo-os em suas mãos, os exterminou[6]. Liquidados os Orsinis e tendo seus partidários passado para o lado do Duque, este conseguia resultados satisfatórios para consolidar seu poder, dominando toda a Romanha com o ducado de Urbino, parecendo-lhe, também, ter conquistado a amizade da Romanha e de todos os povos que começavam a gozar dos benefícios do seu governo.

E porque esta parte é digna de registro e de ser imitada pelos outros, não quero deixá-la sem menção. Ao se apoderar da Romanha, percebeu o Duque que ela fora governada, até então, por senhores impotentes, que mais espoliavam os seus súditos do que os governavam, provocando mais desarmo-

[4] Mangione, vila perto de Perúgia. O Congresso realizou-se em 9 de outubro de 1502.

[5] Paulo Orsini procurou César Bórgia em Imola em outubro de 1502 e ajustou as pazes entre o Duque e os Orsinis.

[6] Os Orsinis ingenuamente acreditaram nos Bórgias e tiveram fim trágico, em dezembro de 1502. O Cardeal Orsini, que conspirou contra César Bórgia, foi encarcerado no Castelo de Santo Ângelo e envenenado por ordem de Alexandre VI.

nia do que promovendo união entre eles, tanto que a província era palco de constantes latrocínios, brigas e de toda sorte de insolências. Diante de tal situação, o Duque decidiu dar-lhe um bom governo e torná-la pacífica e respeitosa ao seu poder. Para atingir esse objetivo, nomeou como governante a Ramiro de Orco, homem cruel e expedito, ao qual deu amplos poderes. Ramiro em pouco tempo tornou a província pacífica e unida, o que lhe deu grande reputação. A certa altura, o Duque julgou que tamanha autoridade já não se fazia necessária e temia mesmo que ela se tornasse odiosa. Para abrandar a situação resultante da autoridade excessiva, criou na capital da província um tribunal civil, onde cada cidade tinha o seu representante e lhe deu um bom presidente. E como sabia das violências praticadas e que causavam certa aversão popular, para acalmar os espíritos revoltados, quis demonstrar que não pactuava com qualquer ato condenável de exclusiva responsabilidade do seu ministro e, usando este fato como justificativa, expôs, certa manhã, o corpo de Ramiro de Orco, em Cesena, na praça pública, cortado em dois pedaços, tendo ao lado um pedaço de pau e um facão ensangüentado. A selvageria do espetáculo fez que o povo ficasse, a um tempo, satisfeito e pasmado.

Voltemos, agora, ao ponto de partida. Lembro que, achando-se o Duque muito poderoso e em parte protegido contra perigos presentes, principalmente por ter eliminado os inimigos vizinhos que o poderiam atacar, lhe restava, querendo continuar suas conquistas, a ameaça do Rei da França. Sabia que os seus sucessos não agradariam a esse Rei, que tarde se apercebera dos seus erros. E começou, por isso, a procurar novos aliados e a tergiversar com a França, na investida que ela fizera até o Reino de Nápoles, contra os espanhóis que assediavam Gaeta. Seu desejo era garantir-se contra a França, o que lhe seria bastante fácil enquanto Alexandre vivesse. Esta era sua conduta quanto aos fatos presentes. Mas, quanto aos futuros, tinha que receiar, primeiro, que o novo papa que lhe fosse hostil e procurasse tirar-lhe o que Alexandre lhe dera. E pensou agir de quatro modos: primeiro, exterminar toda a família dos senhores que despojara para afastar qualquer pretexto de intervenção do papa; segundo, conquistar todos os fidalgos de Roma para, por seu intermédio, controlar o papa; terceiro, controlar o mais possível, os cardeais do Sacro Colégio; e, quarto, tornar-se o mais poderoso possível antes da morte do Papa Alexandre, a fim de resistir, com sua força, a um primeiro ataque se este se desse. Das quatro coisas, três já havia realizado quando Alexandre morreu. A quarta estava quase concluída. Porque, dos senhores espoliados, matou quase todos, pois pouquíssimos se salvaram; os fidalgos romanos já estavam conquistados e no Sacro Colégio contava com a maioria. E quanto à nova conquista, tinha planejado tornar-se Senhor da Toscana e já dominava a Perugia e Piombino e era protetor de Pisa. O temor dos franceses já estava afastado, porque os espanhóis os haviam expulsado do Reino de Nápoles, de modo que ambos necessitavam da sua amizade. Assim, o Duque se precipitaria sobre Pisa. Depois Luca e Siena se renderiam, em parte movidas pelo ódio que tinham aos florentinos e, em parte, pelo temor. Os florentinos, então, não teriam saída. Se tivesse completado esse plano (o que deveria acontecer no ano em que Alexandre morreu), obteria tanta força e tanta autoridade, que se teria mantido por si mesmo e não dependeria de mais ninguém, mas apenas da sua própria potência e virtude. Mas Alexandre morreu cinco anos depois que César Bórgia desembainhou a espada. Deixou-o apenas com a Romanha consolidada e todos os demais estados inseguros, sob a ameaça de dois poderosíssimos exércitos inimigos[7] e gravemente doente. Mas o Duque tinha tanta energia e valor e sa-

[7] O espanhol que se encontrava em Gaeta e o francês que se achava em Roma.

bia que os homens ou se conquistam ou se exterminam, e bem como sentia tão sólidas as bases do poderio que construíra em tão pouco tempo, que se não fora a pressão daqueles exércitos e se ele gozasse de saúde, teria superado qualquer dificuldade. Que os seus alicerces eram bons, via-se logo. Ainda meio vivo, em Roma, esteve seguro, embora os Baglionis, os Vitellis e os Orsinis para lá fossem a fim de combatê-lo, sem que ninguém os acompanhasse. E se não pôde fazer um seu amigo papa, ao menos impediu que escolhessem um seu inimigo. Mas se por ocasião da morte de Alexandre, não estivesse doente, tudo lhe seria fácil. Ele me disse, quando da eleição de Júlio II, que havia pensado em tudo e para tudo tinha remédio. César só não pensara que poderia morrer, como sucedeu.

Nas ações do Duque, que venho de narrar, não encontro motivo para censura. Antes, parece-me que deve servir de exemplo a todos que, por fortuna ou com armas alheias, chegam ao poder, porque sendo ele de ânimo forte e grande ambição não poderia agir de outra maneira. Aos seus desígnios se opuseram somente a brevidade da vida de Alexandre e sua própria doença. Portanto, se se julgar necessário, num principado novo, precaver-se dos inimigos, fazer amigos, vencer pela força ou pela fraude, fazer-se amado ou temido do povo, ser respeitado e seguido pelos soldados, liquidar os que podem prejudicar, inovar com novas leis antigas instituições, ser severo e grato, magnânimo e liberal, extinguir a milícia infiel e criar uma nova, manter a amizade dos reis e dos príncipes, de modo que sejam prontos no benefício e temerosos em ofender, não se poderia encontrar mais belos exemplos do que nas ações dele. Somente se pode acusá-lo da eleição do pontífice Júlio, que foi uma escolha má, porque, como disse, se não podia fazer um papa, poderia evitar que fosse escolhido um que não interessava. E não devia ter jamais consentido fosse papa um dos cardeais ao qual tivesse ofendido e que, tornado papa, tivesse que se acautelar dele. Porque os homens ofendem ou por medo ou por ódio. Aqueles que ele ofendera, eram, entre outros, o de San Pietro ad Vincula, Colona, San Giórgio, Ascânio. Todos os outros, se tornados papas, tinham que temê-lo, exceto o de Ruão e os espanhóis; estes por força da aliança e obrigação e aquele pelo poderio do Rei da França. O Duque, portanto, devia fazer que fosse escolhido um papa espanhol e não o podendo que fosse o de Rouen e não o de San Pietro ad Vincula[8]. E quem acreditar que as grandes personalidades esquecem injúrias antigas com benefícios recentes, está enganado. Errou, portanto, César Bórgia nesta eleição, causa da sua ruína.

[8] Logo, não pôde fazer um seu amigo, mas não fez um dos que devia.

Capítulo VIII

OS QUE CHEGARAM AO PRINCIPADO PELA PERVERSIDADE

Há, ainda, duas maneiras de um cidadão comum tornar-se príncipe sem que sua ascensão se deva inteiramente ao mérito ou à fortuna e que merecem referência, se bem que esta matéria caberia amplamente num estudo sobre as repúblicas. Elas são: ou por qualquer meio perverso e nefando ou pelo consenso dos seus concidadãos. No que tange à primeira, ela será demonstrada com dois exemplos, um antigo e outro moderno, sem perquirir-lhes o mérito, porque falam por si sós a quem tiver que tomá-los por modelo.

Agátocles, siciliano de condição abjeta e vulgar, tornou-se Rei de Siracusa. Filho de um oleiro, durante toda sua vida praticou tais perversidades e o fez com tanta violência e vontade que, ingressando na milícia, galgou postos que o guindaram a pretor de Siracusa. Neste cargo, resolveu proclamar-se príncipe[1] e, pela violência, manter-se na investidura, sem ouvir os outros, ele que subira com apoio alheio. Deste seu plano deu conhecimento a Amílcar[2], cartaginês, cujos exércitos se achavam na Sicília. Mancomunaram-se, e Amílcar reuniu, certa manhã, o povo e o Senado de Siracusa, com o enganoso motivo de deliberar sobre assuntos da República. E, a um aceno do cartaginês, a soldadesca assassinou todos os senadores e os homens mais ricos do povo. Em seguida,

[1] Tornou-se príncipe de Siracusa em 317 a.C. Morreu em 289 a.C.
[2] Amílcar, avô de Amílcar Barca, pai de Aníbal.

Agátocles ocupou o principado e nele se firmou sem nenhuma oposição por parte dos demais cidadãos. E embora os cartagineses por duas vezes se rebelassem contra ele e, na segunda, sitiada a cidade, não somente pôde defendê-la, mas, também, deixar nela parte de suas tropas e com as restantes atacar a África. Em pouco tempo libertou Siracusa do assédio e reduziu os cartagineses à mais extrema miséria, coagindo-os, então, a fazerem um acordo com ele pelo qual se obrigavam a deixar a Sicília, limitando-se a ficar na África[3].

Quem examinar as ações de Agátocles não verá coisas, ou verá bem poucas, a que se possam atribuir à sorte, porque sua ascensão não dependeu de favores alheios, mas pelas promoções que, à custa de dissabores e perigos, teve na milícia e que o levaram ao principado no qual se manteve com decisões audazes e arriscadas. Não se pode considerar virtudes as ações de Agátocles em convocar e assassinar seus concidadãos, trair os amigos, não cumprir a palavra empenhada, não ter piedade nem religião, procedimentos que podem dar o poder mas não glória. Mas considerada a coragem de Agátocles em enfrentar perigos e sair deles e a fortaleza do seu espírito em suportar e superar a adversidade, não há como não igualá-lo aos grandes capitães. Entretanto, sua feroz crueldade e desumanidade, suas barbaridades, não lhe dão um lugar entre os homens ilustres[4]. Não se pode, portanto, atribuir à fortuna ou à virtude tudo quanto ele obteve, sem uma e sem outra.

Em nossos tempos, no reinado do Papa Alexandre VI, Oliverotto da Fermo[5], órfão desde tenra idade, criado por

[3] Embora fossem esses os termos do acordo, os cartagineses ficaram ainda numa parte da ilha.

[4] "Notáveis são estas sentenças que distinguem claramente o fato político do idealismo civil e moral de Maquiavel." G. Lísio, *Il Principe* con comento storico, filologico e stilístico. Florença, Sansoni Ed. MCMXV, p. 58.

[5] Oliverotto Euffreducci da Fermo.

um seu tio materno, João Fogliani, foi encaminhado na juventude para ser adestrado na vida militar, sob a orientação de Paulo Vitelli[6], a fim de alcançar um posto elevado na milícia. Com a morte de Paulo, teve como instrutor Vitellozzo Vitelli[7] e como tinha talento e engenho se tornou, logo, o principal homem da milícia. Não contente com a posição conquistada e não querendo submeter-se a ninguém, tramou com a ajuda de alguns cidadãos de Fermo, que preferiam a servidão à liberdade da pátria, e o apoio de Vitellozzo, apoderar-se da cidade. Escreveu, então, ao tio que o criara, João Fogliani, manifestando o desejo de visitar a ela e à cidade, alegando que estivera longo tempo fora de casa e queria conhecer seu patrimônio. E como passara a vida trabalhando para conquistar honrarias, queria mostrar aos seus concidadãos o resultado das suas lutas e, por isso, aparecer com grande pompa e com um séquito de cem cavalheiros, amigos e servidores seus. E pedia, ainda, ao tio que mandasse os habitantes de Fermo recebê-lo com grandiosidade, pois isso não seria uma honra somente para ele mas também para o tio que o criara e educara. Tudo que Oliverotto da Fermo pediu, o tio fez. Os habitantes da cidade receberam-no festivamente e hospedaram sua comitiva, enquanto ele ficou na casa do tio. Passados alguns dias e estando tudo pronto para que se consumasse o premeditado crime, Oliverotto organizou um grande banquete para o qual convidou seu tio João Fogliani e os homens mais importantes de Fermo. Terminados o banquete e os jogos próprios dessas reuniões, Oliverotto, muito a propósito, provocou conversa sobre assuntos graves, falando da grandeza do Papa Alexandre, de seu filho César e de seus empreendimentos. A estas ponderações responderam João e

[6] Capitão dos florentinos na guerra de Pisa. Suspeito de traição, foi preso e executado em 1499.

[7] Irmão de Paulo.

outros. Oliverotto, num ímpeto, objetou que tal assunto deveria ser discutido em lugar discreto, retirando-se para um cômodo, no que foi acompanhado pelo tio e demais cidadãos. Era uma cilada. Mas se acomodaram, saíram de esconderijos soldados que assassinaram a todos. Consumado o crime, Oliverotto montou a cavalo e, com seus soldados, percorreu a cidade, sitiou o palácio do primeiro magistrado, o qual com os que lá estavam, amedrontados, se submeteram e formaram um governo do qual ele se fez príncipe. Mortos todos os descontentes que poderiam contestá-lo, consolidou sua situação com novas leis civis e militares, de tal maneira que no período de um ano de governo, ele esteve seguro em Fermo e temido por todos os seus vizinhos. E seria tão difícil vencê-lo como foi com Agátocles, se não tivesse se deixado enganar por César Bórgia, quando este, em Sinigallia, aprisionou os Orsinis e os Vitellis, como já foi narrado. E César Bórgia, um ano depois do parricídio[8] praticado por Oliverotto de Fermo, estrangulou-o juntamente com o seu mestre em crimes e perversidades, Vitellozo.

Poderia alguém achar estranho como Agátocles e muitos iguais a ele, depois de inúmeras traições e crueldades, pudessem viver sossegadamente em sua pátria e defenderem-se de seus inimigos externos, enquanto muitos outros, igualmente cruéis, não puderam, nem na paz nem nos tempos duvidosos de guerra, conservar o poder. Creio que isto resulte da maneira boa ou má com que a crueldade é praticada. Bem praticadas podem-se chamar (se do mal é lícito falar bem) as que são feitas de uma só vez, por necessidade de segurança, não mais insistindo nelas e, sim, transformando-as o mais possível em benefício para os súditos. Mal pratica-

[8] Maquiavel chama de parricídio, o homicídio praticado canalhamente por Oliverotto, ao assassinar o tio e protetor.

das são aquelas que, mesmo sendo poucas no começo, com o correr do tempo vão aumentando ao invés de se extinguirem.

Os que agem de conformidade com a primeira forma, podem com a ajuda de Deus e com a dos homens encontrar para suas conseqüências algum remédio, como sucedeu a Agátocles. Quanto aos que usam a segunda forma, é impossível que se mantenham. Daí se deduz que, ao assenhorearse de um estado, deve o conquistador refletir sobre todas as perversidades que irá praticar e fazê-las todas de um só golpe, para não ter de renová-las todos os dias, e poder, não as repetindo, tranqüilizar os cidadãos, bem como a atraí-los para si, beneficiando-os. Quem, por timidez ou maus conselhos, comportar-se diferentemente, necessita estar de cutelo sempre armado e jamais poderá fiar-se dos seus súditos, porque eles, por causa das recentes e contínuas injúrias, não confiam nele. As perversidades devem ser feitas todas ao mesmo tempo, porque durando pouco ofendem menos e os benefícios devem ser concedidos aos poucos para serem saboreados melhor. E, sobretudo, deve um príncipe conviver com seus súbditos de tal maneira que os bons ou maus acontecimentos não abalem essa convivência, porque, quando, nos momentos adversos, aparecerem as dificuldades, ele não terá tempo para o mal; e o bem que fizer em nada o favorecerá porque será recebido como um expediente imposto pelas circunstâncias e ninguém lhe será grato.

Capítulo IX

DO PRINCIPADO CIVIL

Mas vejamos, agora, quando um cidadão se torna príncipe não pela perversidade ou por qualquer outra violência brutal, mas com o apoio dos seus concidadãos, o que se pode chamar de principado civil (para chegar-se a esse resultado não é necessário ter ou só virtude ou unicamente sorte, mas, antes, astúcia afortunada) e a ele se chega com a ajuda do povo ou dos poderosos. Porque em toda cidade se encontram duas tendências: a primeira origina-se do fato que o povo não deseja ser governado nem oprimido pelos poderosos e a segunda de que os poderosos desejam governar e oprimir o povo. E destas tendências se implanta nas cidades, ou o principado, ou a liberdade, ou a anarquia.

A origem do principado está ou na vontade do povo ou na dos poderosos, segundo a oportunidade se apresentar numa ou noutra parte. E quando os poderosos percebem que não podem se opor às tendências do povo, passam a apoiar um dos seus elementos e o fazem príncipe, para, sob sua capa, saciarem seus apetites. O povo, por sua vez, quando nota que não pode competir com os grandes, favorece a um deles e o faz príncipe para ficar sob sua proteção. Aquele que atinge o principado com a ajuda dos poderosos se mantém com mais dificuldade do que aquele que teve a ajuda do povo. O primeiro encontra-se rodeado por muita gente que lhe parece ser sua igual e, por isso, não a pode governar e nem manejar a seu modo. Mas aquele que chegar ao principado com o favor popular, fica desembaraçado e à sua volta não há ninguém ou bem poucos que não estejam concordes em obedecer-lhes.

Além disso, não se pode com honestidade, satisfazer a uns grandes sem desgostar a outros, enquanto o mesmo não acontece com o povo, porque o desejo dos pequenos é mais honesto do que o dos poderosos, pois estes desejam oprimir e aqueles não querem ser oprimidos. Acontece que, com um povo inimigo, um príncipe não pode se sentir seguro, porque os contrários são muitos, o que não sucederia com os grandes, que são poucos. E o pior que um príncipe pode esperar de um povo inimigo, é ser abandonado por ele. Mas dos poderosos, quando inimigos, não só deve temer que o abandonem, mas também, a vingança, porque tendo eles maior acuidade e mais astúcia, prevêem as mudanças com tempo para salvarem-se e procuram bajular, o provável vencedor. Necessita, ainda, o príncipe viver sempre com o povo, enquanto pode afastar-se dos poderosos, pois que tem a faculdade de criar poderosos todos os dias, e de dar-lhes ou tolher-lhes a autoridade quando bem quiser.

E para esclarecer melhor esta parte, digo que os grandes devem ser considerados principalmente sob dois aspectos. Ou se conduzem de tal forma que em tudo se vinculam ao destino do príncipe, ou não. Aqueles que se vinculam e não são ladravazes, merecem ser obsequiados e amados. Os que não se vinculam devem ser examinados de dois modos. Ou assim se comportam por pusilanimidade e falta de caráter e, então, o príncipe deve servir-se deles, máxime quando são bons conselheiros, para que o adulem na prosperidade e não os receie na adversidade. Há, ainda, os que não se obrigam para com o príncipe por argúcia e oculta ambição, porque pensam mais em si do que nele. Destes deve o príncipe se cuidar, e temê-los como se fossem inimigos declarados, porque sempre, quando estiver na adversidade, procurarão arruiná-lo.

Deve, portanto, aquele que se tornar príncipe com o apoio do povo, mantê-lo seu amigo, o que lhe será fácil, pois que ele, somente, não quer ser oprimido. Mas aquele que chega ao principado com o apoio dos grandes e contra a vontade popular, deve, antes de mais nada, cativar o povo, o que lhe será fácil quando se ocupe em realizações que o favoreçam. Os homens quando são beneficiados por aqueles de quem esperavam receber o mal, ficam mais gratos ao benfeitor e o povo torna-se, logo, mais seu amigo, do que se ele mesmo o tivesse levado ao poder. O príncipe pode chegar a esse afeição popular por diversos modos, sobre os quais não se podem estabelecer regras seguras, porque variam conforme o sujeito, daí silenciar sobre elas. Concluirei dizendo que é necessário a um príncipe ter o povo como amigo e só assim encontrará apoio na adversidade.

Nabis, príncipe dos Espartanos, resistiu ao longo assédio de toda a Grécia e de um exército romano afamadíssimo, na defesa da sua pátria e do seu estado, bastando-lhe, apenas, no momento do perigo, controlar uns poucos inimigos. Mas se o povo fosse seu inimigo, isto não lhe bastava. E se alguém quiser contestar esta minha opinião, valendo-se daquele provérbio vulgar, que diz que "quem edifica sobre o povo o faz sobre o barro", eu direi que isso é certo quando um cidadão comum o faz julgando que o povo o socorra, quando se vir acossado pelos seus inimigos e pelos magistrados. Neste caso são comuns os enganos, como aconteceu em Roma com os Gracos e, em Florença, com Jorge Scali[1]. Mas em se tratando de um príncipe que se apóia no povo, que saiba comandar e tenha coragem, que não tema a adversidade e esteja preparado para a luta incutindo no povo confiança, jamais será abandonado pelo povo e verá que lançou bons alicerces. Tais principados correm risco quando estão para passar de um governo civil para

[1] No original esta *Messer* Jorge Scali. *Messer*, hoje é mais usado no sentido burlesco.

um absoluto, porque os príncipes ou governam pessoalmente ou por meio dos seus ministros. Neste caso tudo é incerteza, porque dependem dos cidadãos colocados nas magistraturas, que em tempos de dificuldades, podem apossar-se do Estado, com extrema facilidade, não acatando obediência ou mesmo fazendo-lhes guerra.

Nestes tempos adversos, os cidadãos e os súditos, acostumados a receber ordens dos magistrados não mais prestarão obediência ao príncipe. O príncipe não mais terá em quem confiar, pois em condições normais os súditos necessitam do Estado e nas adversas o Estado necessita de seus cidadãos. Nas horas normais, quando a guerra e a morte estão distintas, não haverá cidadão que deixe de desejar estar ao seu lado. No entanto, na adversidade poucos são os a apoiá-lo.

Disso, conclui-se que um príncipe que aja com prudência de procurar tornar-se sempre necessário aos seus súditos, fazendo com que seus súditos precisem do Estado, para então continuarem sempre fiéis.

Capítulo X

COMO MEDIR AS FORÇAS DE TODOS OS PRINCIPADOS

Convém que se analise as qualidades dos principados. Se considerarmos que o príncipe tenha tanta força para manter-se por si só se o necessitar ou então se necessita da ajuda de terceiros.

Esclarecendo bem esta parte, direi que considero capazes de se conservar sozinho, os que por abundância de homens, e de dinheiro, podem constituir um exército bastante forte e enfrentar qualquer assaltante e julgo também que aqueles que não podem enfrentar o inimigo em campo aberto, e precisam da ajuda de outros e tendo de se refugiar por trás dos muros da cidade para poder defendê-la.

Da primeira hipótese já se cogitou e após acrescentaremos o que for necessário. Na segunda hipótese, nada se pode fazer a não ser exortar os príncipes a tornar forte e bem armado seu próprio Estado sem se ocupar do resto.

Aquele que estiver bastante fortificado, será sempre atacado com receio e hesitação. Há sempre medo de atacar e encontrar dificuldades, e não é fácil assaltar um Estado forte onde não se tem o ódio do povo.

Cidades, há na Alemanha, com extrema liberdade, pois são de pequeno território e obedecem ao Imperador quando for de seu interesse. Não tem medo dele nem de qualquer poderoso que a rodeiam, pois são fortificadas a ponto que obrigam quem desejar atacá-las a ter medo, pois será difícil e temerário.

Fazem, ainda, exercícios militares, sob boa instrução, aos quais dão grande importância. Portanto, um príncipe que tenha sua cidade bem protegida e não é odiado pelo povo, não pode ser atacado, e, se o for, o assaltante será vencido e humilhado. É que as coisas deste mundo são tão mutáveis que seria impossível um exército ficar um ano inteiro, inutilmente, sitiando uma cidade que não se rende. Podem alegar que o povo sitiado possui propriedades fora da cidade e se as visse arder, não teria paciência para esperar um longo assédio e o próprio interesse o faria abandonar o príncipe. A esses respondo que um príncipe forte e corajoso supera sempre qualquer dificuldade, dando a todos a esperança de que o mal não será longo e que pior será a crueldade do inimigo, evitando, assim, com habilidade a ação dos mais audaciosos. É de se admitir que logo que o inimigo chegue, incendeie e arruine o país, quando o ânimo dos homens se encontra ardoroso e decidido à defesa. Por esta razão, o príncipe deve ter menos dúvidas a partir do momento em que os espíritos sossegam, os prejuízos já existem e os males não têm remédio, porque o povo mais se unirá a ele, certo de que o príncipe lhe deve favor por ter sacrificado, em seu benefício, suas casas e propriedades. Donde, tudo bem examinado, não é difícil a um príncipe habilidoso manter firme o ânimo dos seus súditos em tais ocasiões, desde que não faltem víveres nem armas para a defesa.

Capítulo XI

DOS PRINCIPADOS ECLESIÁSTICOS

Resta-nos, agora, falar dos principados eclesiásticos, que, para serem conquistados, a dificuldade maior está em adquirir-lhes a posse, porque, no caso, esta resulta da virtude ou da sorte. Para conservá-los, porém, nem uma nem outra têm importância. Isto porque provêem de antigas instituições religiosas, de base e natureza sólidas, que os seus príncipes se mantêm no poder seja qual for o seu procedimento, pois possuem estados e não os defendem e súditos que não governam. E mesmo não cuidando da defesa de seus estados, estes não lhe são arrebatados. Seus súditos mesmo sem governo não pensam em alijá-los do poder e, mesmo que quisessem, não poderiam fazê-lo. Esses são, portanto, seguros e felizes. E como esses principados são regidos por forças superiores, muito acima da inteligência humana, não tratarei deles, porque sendo instituídos e conservados por Deus, somente um homem presunçoso e destemido se atreveria a discorrer sobre eles. Entretanto, se me perguntarem os motivos porque a Igreja antes de Alexandre VI foi tão desprezada pelos potentados italianos e até por qualquer barão ou senhor, e, agora adquiriu tão grande poder temporal ao ponto de intimidar um rei como o da França, chegado a expulsá-lo da Itália e a levar os vênetos à ruína, eu responderei, recordando o porquê isso aconteceu, o que não me parece supérfluo.

Antes de Carlos, Rei da França, invadir a Itália, achava-se esta província sob o domínio do Papa, dos venezianos, do Rei de Nápoles, do Duque de Milão e dos florentinos. Estes potentados precisavam evitar duas coisas fundamentais: uma que um estrangeiro acampasse na Itália com seus exércitos e, que nenhum deles dilatasse seus domínios. Os principais a serem vigiados, eram o papa e os venezianos. Porém, para impedi-los seria necessário fazer a união de todos os demais, como aconteceu na defesa de Ferrara; e para diminuir o poder do papa, usaram os barões de Roma, que estavam divididos em duas alas, Orsini e Colonna, e viviam em disputa permanente. Estando ambas, em constante disputa, aos olhos do próprio papa, tornavam o pontificado fraco e inseguro. Ainda que aparecesse um papa animoso, como Xisto, o seu saber e sua sorte não eram suficientes para tirá-los das dificuldades. Os pontificados, cuja duração em média, era de dez anos, era a principal causa disso, ainda que com intenso trabalho, conseguia rebaixar umas das facções. Porém, se um deles conseguia quase extinguir os Colonna, seguia-se outro papa, inimigo dos Orsini, que ajudava para a volta dos Colonna, e não dispunha de tempo para destruir os Orsini. Por isso, o poder do Papa foi pouco estimado na Itália.

Depois, apareceu Alexandre VI, que de todos os papas que houve, mostrou como um papa podia valorizar-se, tanto pelo dinheiro, quanto pela força, e servindo-se como instrumento do Duque Valentino, quando da vinda dos franceses, fez tudo como contei antes, com a ação do duque. E, apesar de não ser seu intuito tornar a igreja poderosa, tudo que o duque fez foi para a grandeza desta, e após a morte de Alexandre e também do duque, herdou os trabalhos que este realizara. Após, veio o papa Júlio e encontrou a Igreja forte, dona de toda a Romanha, e que pelos ataques de Alexandre, os barões haviam desaparecidos e, as facções anuladas. Encontrou, também, o caminho aberto, para guardar dinheiro, o que antes de Alexandre não fora feito. Júlio, não somente continuou este trabalho, como também aumentou. Conquistou Bolonha, submeteu os venezianos e expulsou os franceses da Itália. Foi feliz em todas as empreitadas, o mais digno de elogio foi que a preocupação foi de engrandecer a igreja e não determinada pessoa. Conseguiu, também, conservar os dois partidos dos Orsini e Colonna em condições tais como encontrou; e apesar de entre eles existir alguns chefes capazes de produzir alterações, nada fizeram; duas coisas os conservaram inativos: o poder da Igreja que os humilhava, e por não possuírem partidários, no Sacro Colégio, onde os cardeais são causas de tumultos entre as facções. Entre elas não existirá paz, se possuírem cardeais, pois estes, seja em Roma ou fora dela, alimentam disputas e os barões são obrigados a defendê-los. Então, as ambições dos prelados, causam as discórdias e os problemas entre os barões. Sua Santidade, o papa Leão, encontrou o pontificado muito poderoso. É de se esperar que, se alguns fizeram o papado poderoso, pelas armas, o pontífice de hoje, por suas virtudes e bondade, faça-o forte e mais venerado.

Capítulo XII

DAS ESPÉCIES DE MILÍCIAS E DOS SOLDADOS MERCENÁRIOS

Ao falar, de início, das diversas espécies de principados, fi-lo com detalhes, tratei da forma de conquistá-los e conservá-los e considerei as causas de seus êxitos e fracassos. Proponho-me, agora, a discorrer genericamente sobre a estratégia de ataque e defesa que os principados devem usar. Já está evidenciado como um príncipe necessita de sólidas bases para que não se arruine. Os estados quer sejam novos, velhos ou mistos, têm nas boas leis e nos bons exércitos os seus principais sustentáculos. E como não podem existir boas leis onde não há bons exércitos e onde houver bons exércitos as boas leis são vitais, deixarei de lado as leis e falarei dos exércitos. Direi, então, que as armas com que um príncipe defende o seu estado ou são próprias ou são mercenárias, ou auxiliares ou mistas. As mercenárias e auxiliares são inúteis e perigosas. As mercenárias nunca oferecem ao príncipe garantia e sossego: são desunidas, ambiciosas, indisciplinadas, infiéis, garbosas perante os amigos e covardes diante dos inimigos, não respeitam a Deus e não inspiram fé aos homens. E com elas o príncipe prolonga sua ruína enquanto puder adiar a guerra. Assim, o estado será, na paz, explorado por elas e, na guerra, espoliado pelos inimigos. A razão disto é que, recebendo pequeno soldo, não se animam a permanecer na luta e arriscar a vida pelo príncipe. Os mercenários querem ser soldados no tempo de paz e fogem e desaparecem quando vem a guerra. Não é difícil demonstrar esta verdade, porque a toda ruína da Itália se origina de ter, durante longo tempo, se fiado em exércitos mercenários, os quais valiam alguma coisa quando lutavam entre si, mas que se revelavam por completo diante do estrangeiro, razão pela qual Carlos[1], Rei da França, conquistou a Itália com um simples gizar[2].

E quem afirmou que devemos isso aos nosso pecados, disse a verdade[3]. Mas os pecados não eram os que ele se imputava, mas sim os erros a que me referi e sendo erros dos príncipes, estes também pagaram por eles.

Quero demonstrar melhor o inconveniente de se ter tropas mercenárias. Os capitães mercenários ou são valorosos ou não: no caso afirmativo não merecem confiança porque sempre aspiram à própria ascensão ou oprimindo o príncipe que os paga ou oprimindo outros sem que o príncipe queira. E se não forem valorosos, levarão o príncipe à ruína. E se objetarem que quem tiver armas na mão fará o mesmo, seja mercenário ou não, responderei demonstrando porque um principado ou uma república precisam dispor de exércitos próprios. O príncipe deve ser o comandante do seu exército e, em se tratando de República, deve ser nomeado, para o posto, um dos seus cidadãos, que será substituído caso não se revele um homem valente e ditar leis que o mantenham nos limites das suas funções. A experiência ensina que apenas os príncipes e as repúblicas, que possuíam exércitos seus tiveram grandes sucessos e que os que se apoiaram em forças mercenárias sempre sofreram danos. E é mais difícil a um cidadão transformar-se em ditador numa república que tenha armas próprias do que numa cujas armas sejam mercenárias. Roma e Esparta foram armadas e livres durante séculos. Os suíços são muito bem armados e gozam de ampla liberdade. Dos

[1] Carlos VIII.

[2] Fase de Comines atribuída a Alexandre VI: "Pigliace la Italia col gesso." G. Lisio, ob. cit.

[3] Frase de Savonarola, anota G. Lisio, ob. cit.

cartagineses temos antigo exemplo, no que tange às armas mercenárias. Confiaram em mercenários e quase foram oprimidos por eles ao fim da primeira guerra com os romanos[4], muito embora seus comandantes fossem cidadãos.

Os de Tebas, fizeram Felipe da Macedônia, capitão de sua gente, após a morte de Epaminondas; e que tirou-lhes a liberdade, depois da vitória.

Os milaneses, após a morte do Duque Felipe, contrataram Francisco Sforza para atacar os venezianos, e após derrotar o inimigo em Caravaggio, uniu-se a eles para oprimir os patrões de Milão. Já, antes, Muzia Sforza, seu pai, mesmo estando a serviço da Rainha Joana, de Nápoles, abandonou-a em certo momento, deixando-a sem exército. Ela para não perder seu reino, necessitou atirar-se aos braços do Rei Aragão. Ao contrário, venezianos e florentinos, aumentaram seus domínios, usando tropas de aluguel, e seus capitães os defenderam sempre, pois os florentinos foram favorecidos pela sorte, porque, os seus capitães de valor, uns não venceram, outros por necessitarem lutar contra rivais, ou outros dirigiram sua ambição para fins diferentes.

O que não venceu foi Giovanni Aucut, e neste caso não se pode avaliar sua fidelidade, mas não podemos deixar de reconhecer que, se tivesse vencido, os florentinos estariam a sua mercê. Sforza esteve sempre contra os partidários de Braccio, existindo entre eles vigilância mútua. Francesco dirigiu sua ambição para a Lombardia, Braccio contra Nápoles e contra a igreja.

Há pouco tempo os florentinos elegeram Paolo Vitelli seu capitão, homem muito prudente. Se tivesse conquistado Pisa, teria oprimido os florentinos. Se atentarmos para o progresso dos venezianos, conclui-se que agiram seguros, pois fize-

[4] Guerra Púnica.

ram a guerra por si mesmos, o que não aconteceu quando sua atenção não se voltara para as conquistas em terra firme. Na ocasião, auxiliados por gentis homens e pela plebe armada, agiram com valor, porém ao combaterem em terra, seguiram os costumes da guerra na Itália, abandonando a excelente regra que seguiam.

No início de uma atividade em terra, por não terem muito estado, e por terem grande fama, não tinham muito a temer de seus capitães. Aumentando seus territórios, sob a direção de Carmingnola, comprovaram o erro. Pois, tendo-o como capitão valoroso, ao vencerem sob seu comando o Duque de Milão, e percebendo que esmorecia, acreditaram que sob sua direção não poderiam aspirar novas vitórias, faltava-lhes força de vontade; e não podendo colocá-lo em disponibilidade, e para não perderem suas conquistas, precisaram matá-lo para garantir-se contra ele. Em seguida tiveram por capitães: Bartolomeu de Bergamo, Roberto de Sanseverino, conde de Pitigliano e outros; porém referentes a esses, somente tinham a temer suas derrotas, não as suas conquistas, como veio a acontecer em Vaila, onde em apenas um dia, perderam o que, a poder de tantos esforços haviam conquistado em 800 anos. Tais tropas dão conquistas lentas, tardias e frágeis, porém perdas espantosas e rápidas.

Com esses exemplos que citei da Itália, que durante muitos anos foi governada por armas mercenárias, continuarei na discussão do assunto de forma geral, para que, sabendo-se suas origens e desenvolvimento, seja possível corrigir melhor o uso de tais tropas. Deveis saber que, iniciando nestes últimos tempos a repelir-se da Itália, o império e tendo o Papa adquirido maior autoridade no poder temporal, o país dividiu-se em mais estados: pois muitas das cidades maiores ergueram-se em armas contra os nobres que as tinham dominado, auxiliadas pelo Imperador e a Igreja as favorecia para aumentar o seu poder temporal. Com isto, em muitas cidades, simples cidadãos tornaram-se príncipes, e, finalmente, quase toda a Itália ficou nas mãos da Igreja e de algumas repúblicas e como os padres e os cidadãos não entendiam das artes bélicas, tiveram que se valer de mercenários. O primeiro que conquistou reputação no comando desse tipo de milícia foi o romanholo Alberico da Conio[5]. Seus métodos inspiraram, entre outros, Braccio e Sforza, que, então foram árbitros da Itália. Depois deles vieram todos os outros que têm comandado essas milícias até nossos dias. E, afinal, de suas qualidades militares resultou a Itália ser invadida por Carlos, depredada por Luís, atacada por Fernando[6] e vituperada pelos suíços. E a primeira coisa que fizeram foi anular a infantaria para ressaltar o próprio valor. Agiram assim, porque não possuindo estado seu e dependendo da sua atividade guerreira não ganhariam fama tendo poucos soldados de infantaria e se tivessem muitos não poderiam sustentá-los. Por este motivo, limitaram-se à cavalaria, cujo contingente sendo pequeno implicava em menores despesas e lhes proporcionava apoio e honrarias. E chegaram as coisas a tal ponto que em um exército de vinte mil soldados não havia mais de dois mil infantes. Além disto usaram de todos os meios para que nem eles nem seus soldados se cansassem e se amedrontassem, poupando-se nos combates corpo a corpo, fazendo-se prender uns aos outros, sem resgate. À noite não atacavam as terras sitiadas e os que as defendiam não combatiam, nesse período, os sitiantes. Não lutavam no inverno. Todas essas artimanhas eram permitidas pelos seus regulamentos militares, com o objetivo de afastar trabalhos e fadigas. E, por esta via, levaram a Itália à escravidão e ao vitupério.

[5] Alberico de Barbiano, Conde de Conio.

[6] Carlos VIII, Luís XII, Fernando, o Católico.

Capítulo XIII

DAS TROPAS AUXILIARES, MISTAS E PRÓPRIAS

As tropas auxiliares, classificadas entre as inúteis, são as que um príncipe obtém por empréstimo de um outro, para socorrê-lo, tal como fez, recentemente, o Papa Júlio[1], face aos tristes resultados colhidos pelas forças mercenárias na campanha de Ferrara, em que teve de apelar para o Rei Fernando, da Espanha, a fim de que este o salvasse com suas armas. Estas armas podem ser úteis e proveitosas para elas mesmas, mas são quase sempre danosas aos que as utilizam, porque, se derrotadas, derrotados estão os que as utilizaram e se saírem vitoriosas passam a dominar os que as solicitaram. E mesmo que a história antiga nos ofereça bons exemplos, eu prefiro este, recente, do Papa Júlio, cuja resolução de chamar tropas auxiliares para ajudá-lo no caso de Ferrara, só não lhe foi funesta porque a sorte o favoreceu com um importante acontecimento. Suas forças auxiliares foram derrotadas em Ravena, quando contra a expectativa de todos e mesmo do Papa Júlio II, surgiram os suíços que expulsaram os vencedores, o que evitou que ele fosse dominado pelos mercenários, pois não era a eles que devia a decisão favorável da luta. Os florentinos, que estavam inteiramente desarmados, recorreram ao auxílio de dez mil franceses[2] para conquistar Pisa, campanha que apresentou perigos tão grandes, como jamais

[1] Julio II.

[2] Os franceses estavam sob o comando de Hugo de Beaumont.

tiveram em toda sua existência. O Imperador de Constantinopla, para enfrentar seus vizinhos, acampou dez mil turcos na Grécia, os quais, terminada a guerra, ali permaneceram, iniciando-se a escravidão dos gregos aos infiéis. Sirva-se, dessas tropas aquele que não desejar vencer, pois, são mais perigosas do que as mercenárias com aqueles, certa é a ruína, são dedicadas e unidas à obediência a outrem. No que se refere às tropas mercenárias, após a vitória, necessitam de mais tempo para causar-te mal, pois não são perfeitamente unidas, e acima de tudo, foram organizadas e são pagas por ti; nessas, se tornar um terceiro sem chefe, este de imediato não terá tanta autoridade que possa ofendê-lo gravemente. Em resumo, nas tropas de aluguel, é perigosa a covardia e nas auxiliares, o valor.

Os príncipes, mais prudentes repeliram sempre tais forças, para usar as suas, pois preferem perder com elas a vencer com auxílio de outras, considerando falsas a vitória obtida com forças de terceiros. Jamais deixarei de mentalizar o exemplo de César Bórgia e suas ações. Este duque entrou na Romanha com armas auxiliares, levando tropas francesas, e com ajuda delas tomou Imola e Forli. Após, não mais tendo confiança, passou a usar as mercenárias, que achou serem menos perigosas. E contratou os Orsini e Vitelli. Após usá-las, achou-as dúbias e infiéis, desfez-se delas, e dedicou-se as que verdadeiramente eram as suas. A partir daí, pode-se claramente ver a diferença entre elas, e estas mudanças acompanharam a fama do duque, de quando contava com os franceses, ou quando empregava os Orsini e Vitelli e por final quando ficou com soldados seus e sobre o seu comando. Sua fama aumentou muito e nunca foi tão estimado quando se comprovou que era dono absoluto das tropas. Meus desejo era citar apenas exemplos italianos e recentes, porém, não posso deixar de citar Hierão de Siracusa: investido das funções de chefe de suas tropas, logo percebeu que a milícia mercenária não era boa, por serem os chefes semelhantes aos nossos, italianos. Concluindo, que não podia mantê-los, nem desfazer-se deles, cortou-os em pedaços. Assim, pôde fazer a guerra, com tropas suas. Lembro, ainda, um trecho do Antigo Testamento, relacionado com este assunto. Ofereceu-se David a Saul para combater contra Golias, grande provocador filisteu, e Saul para encorajá-lo, quis que fosse vestido com a armadura real.

Logo que a vestiu, Davi repeliu-a, argumentando que desejava vencer o inimigo usando somente da faca e da funda para combatê-lo. As armas alheias, ou te pegam, ou te sufocam ou te caem pelas costas. Carlos VII, progenitor do rei Luís XI, com o seu dinheiro e coragem, tendo libertado a França dos ingleses, viu-se que era necessário armar-se com forças que fossem sua de fato, e tornou no seu reino obrigatório, o serviço das armas. O rei Luís extinguiu depois a infantaria e passou a contratar os suíços. Tal erro, e outros mais, foi, como hoje se comprova a causa dos perigos em seu reino. Dando fama os suíços, humilhou suas tropas, desapareceu a infantaria e sua cavalaria ficou sujeita a tropa estrangeira, de tal forma, que habituando-se aos suíços, não lhes parece fácil vencer sem eles. Os franceses passaram a ter exércitos mistos, feitos de mercenários e soldados próprios. São bem melhores que as tropas auxiliares ou mercenárias, e bem inferiores aos exércitos próprios.

O reino da França seria invencível se tivesse desenvolvido ou ao menos mantido o regulamento militar imposto por Carlos. Os homens, com pouca prudência, não percebem o veneno oculto nas coisas que no princípio parecem boas.

Aquele que não descobrir os males na sua origem, não é inteiramente sábio, o que é concedido somente a alguns. Se estudarmos o início da queda do império romano, concluiremos que foi motivada apenas porque começou a assalariar mercenários godos para o seu serviço militar[3]. A partir daí começa-

[3] Os primeiros contratados chegaram a Roma em 376, quando Valente era imperador. Em 382, já no governo de Teodósio, chegaram em grande número.

ram a definhar as forças do Império Romano, enquanto os mercenários se fortaleciam com o seu enfraquecimento. Concluo afirmando que sem armas próprias nenhum principado está seguro e à mercê do destino, não tendo com que defender-se na adversidade. É dos homens prudentes a seguinte opinião: "Nada tão instável como a fama de poderio de um príncipe, quando não se apoia na própria força[4]". As armas próprias são as formadas por cidadãos ou súditos, ou por servos do príncipe. Todas as outras são mercenárias ou auxiliares. E o modo de organizar exércitos próprios é fácil, desde que se analisem as normas empregadas pelos quatro[5] que precederam Filipe, pai de Alexandre Magno, e como muitas repúblicas e principados fizeram. A esses métodos eu me reporto.

[4] "Quid nibil sit tam infirmum aut instabile, quam fama potentiae non vi nixa." Tácito, *Anais*.

[5] César Bórgia, Gerone, Carlos VII e Davi.

Capítulo XIV

DOS DEVERES DO PRÍNCIPE PARA COM SUA MILÍCIA

Um príncipe, portanto, não deve ter outro objetivo nem outro pensamento, nem se dedicar a outra coisa, que não a arte da guerra, suas regras e regulamentos, porque esta é a única atividade que se espera de quem comanda. E tal é a sua importância que não só mantém os príncipes de sangue como eleva simples cidadãos ao principado. Diferentemente, vê-se que quando os príncipes se preocuparam mais com futilidades do que com as armas perderam seus estados. A primeira coisa que leva os príncipes à ruína é negligenciar a arte militar. Francisco Sforza, porque possuía boas tropas, de cidadão comum tornou-se Duque de Milão, enquanto seus filhos, por terem abandonado o trato das armas, de duques se tornaram simples cidadãos. Entre as causas dos males que um príncipe pode sofrer, a de estar desarmado torna-o submisso, e esta é uma das vergonhas que devem ser evitadas, como adiante se verá. Não há comparação entre um príncipe armado e um desarmado e não é admissível que quem está armado obedeça prazeroso ao que está desarmado, como também, que o desarmado se sinta seguro entre seus servidores armados. O desdém, de um lado, e suspeita, de outro, impedem que operem em harmonia. E um príncipe que não entenda de milícia, entre outras dificuldades, está a de não ser respeitado pelos seus soldados e, por conseqüência, não poder fiar-se neles.

Deve, portanto, sempre dedicar-se à arte da guerra, o que pode fazer de dois modos com a ação e com o estudo. Pela ação, precisa manter os exércitos disciplinados e preparados, ir sempre à caça para que o corpo não se acomode e para conhecer a natureza dos sítios, a elevação dos montes, a depressão dos vales, a extensão das planícies, a natureza dos rios e dos pântanos, tudo observando atentamente. Estes conhecimentos são úteis por duas razões: Primo, o príncipe aprende a conhecer o seu país e terá melhores condições de defendê-lo e, segundo, com esses conhecimentos e observações, poderá ter idéia de como são as outras regiões em que precise excursionar e agir. Isto porque, as colinas, os vales, as planícies, os rios e os pântanos, na Toscana, são, por exemplo, semelhantes aos de outras províncias. Com estes conhecimentos de uma província, tem-se noção de como é o território de outra. E o príncipe que não tomar tais precauções, falha na primeira medida que deve orientar um comandante, porque ela indica como tomar contato com o inimigo, apoderar-se dos seus acampamentos, conduzir os exércitos, ordenar-lhes, o avanço, dominar o terreno com vantagem. Filopémenes, príncipe dos Aqueus, entre as qualidades que os escritores lhe atribuem, estava a de que em tempos de paz não deixava nunca de pensar na arte da guerra. E quando se achava no campo com os amigos ponderava: "Se os inimigos estivessem ali, naquele monte e o nosso exército estivesse onde estamos, quem teria vantagem? Como atacá-lo, mantendo nossas tropas em ordem? Se tivéssemos de nos retirar, como deveríamos fazer? E se eles se retirassem, iríamos ao seu encalço?" Formulava, assim, todas as hipóteses que pode enfrentar um exército em campanha, dava suas opiniões e ouvia a de seus companheiros. Discutia. E o fazia de tal maneira que, quando comandava exércitos, sempre tinha saída para qualquer imprevisto.

Quanto aos estudos, deve o príncipe dedicar-se ao conhecimento da história e examinar as ações dos grandes homens, ver como eles se conduziram na guerra, procurar as causas de suas vitórias e derrotas, para que estas se afastem e aquelas o coroem. E seguir o exemplo dos grandes homens antigos, que tomaram por modelo os que, antes deles, por suas ações, haviam sido consagrados e glorificados, como se diz que Alexandre Magno imitava Aquiles, César e Alexandre, Cipião[1] a Ciro. E quem quer que leia a vida de Ciro escrita por Xenofonte[2], reconhece, depois, na vida de Cipião, como ele colheu glórias por tê-lo imitado na abstinência, afabilidade, e liberalidade. Estas sãs as regras que um príncipe prudente deve observar. E nunca ficar ocioso nos tempos de paz, que devem ser aproveitados para fortalecer-se a fim de estar preparado para vencer na adversidade.

[1] O Africano.
[2] *Ciropédia*.

Capítulo XV

DAS CAUSAS PELAS QUAIS OS HOMENS E ESPECIALMENTE OS PRÍNCIPES SÃO LOUVADOS OU DENEGRIDOS

Resta, agora, focalizar a atenção que um príncipe deve dispensar aos seus amigos e súditos. E como muito já se escreveu a esse respeito, posso parecer presunçoso, ao tratar do tema, divergir do que os outros sobre ele, já disseram. Mas sendo minha intenção escrever algo de útil para quem possa tirar proveito, pareceu-me mais conveniente, valer-me de fatos comprovados do que usar da imaginação, como, aliás, muitos fizeram descrevendo repúblicas e principados que nunca existiram nem foram admitidos verdadeiros[1]. É tamanha a distância de "como se vive" com "o como se deveria viver" que aquele que se preocupar com o modo como se deveria viver e não com o modo que se vive, acaba cavando a própria ruína ao invés de se preservar. Isto porque, o homem que pretender em todas as partes fazer profissão de bondade, encontrará sua desgraça num mundo repleto de homens perversos. Daí, um príncipe que queira conservar o mando, necessitar saber ser mau e valer-se disto, quando as circunstâncias o exigirem. Desprezando, pois, as coisas imaginárias e discorrendo sobre as reais, penso que todos os homens que governam, máxime os príncipes, são julgados por suas qualidades que lhes carreiam louvores ou censuras. Alguns são considerados liberais e outros miseráveis[2], alguns generosos

[1] Tal como a *República* de Platão e a *Utopia*, de Tomás Morus.

[2] O próprio Maquiavel, no texto, chama atenção que usou o termo toscano, porque avaro, significa também o que quer enriquecer pela rapina, enquanto miserável é o que se abstém de gastar demasiadamente o que é seu.

e outros vorazes; uns cruéis e outros piedosos; perjuros ou leias; uns efeminados e outros pulsilânimes; outros ferozes e animosos; alguns humanos e outros soberbos; uns lascivos e outros castos; uns íntegros e outros astutos; uns inflexíveis e outros brandos; uns austeros e outros levianos; uns religiosos e outros ímpios. Assim por diante. É certo que todos julgariam que seria louvabilíssimo que um príncipe possuísse somente as boas qualidades. Face às condições humanas, porém, que não permitem que alguém pratique todas as mencionadas qualidades, o príncipe deve saber, prudentemente, quais as que não o levarão à perda do poder, evitando, assim, esta humilhação. Não podendo fazê-lo, não deve recear das qualidades consideradas más, deixando que as coisas sigam seu curso. E, ainda, não se preocupe da fama que possam lhe dar certos atos, sem os quais dificilmente salvaria o estado, pois que, tudo bem considerado, haverá coisas que parecem virtudes e, se praticadas, levam à ruína e outras que parecem más e que trazem segurança e bem-estar.

Capítulo XVI

DA LIBERALIDADE E DA PARCIMÔNIA

Começando pela liberalidade, direi que passar por generoso não é prejudicial ao príncipe. Porém se a generosidade for praticada discreta e virtuosamente, como deve ser, ficará ignorada e, então, haverá os que atribuirão ao príncipe o vício da avareza e o critiquem. Assim, o príncipe que desejar ter entre os homens fama de generoso deve, também, ostentar suntuosidade, o que o obrigará a grandes e contínuas despesas e para mantê-las terá que lançar impostos extorsivos e usar de todos os meios possíveis para obter dinheiro, o que o tornará detestado pelo povo. E tendo beneficiado poucos e prejudicado muitos, se empobrecer, será abandonado pelos primeiros e odiado pelos últimos. Nascem, aí, os primeiros perigos. Se deixar a prática da liberalidade, tachá-lo-ão de miserável. Não podendo continuar, generoso sem prejudicar-se, resta-lhe não se preocupar com o epíteto de sovina e, se ele for perspicaz, passará a viver com parcimônia e renda modesta, demonstrando, agora, sua generosidade, pois passou a governar sem sacrifício do povo e com isto se defenderá dos que o quiseram atacar. E, com este comportamento, estará sendo generoso para com aqueles que antes sacrificava e que são em número altíssimo e miserável para com o antigo e pequeno grupo de aproveitadores. Nos nossos tempos só vimos fazer grandes coisas os que foram considerados avarentos. Os outros ficaram na penumbra. O Papa Júlio II, que chegou ao papado valendo-se da fama de liberal, não se preocupou em conservá-la, pois preparava-se para guerrear a França. E realizou muitas campanhas sem onerar o povo com tributos extraordinários, porque, fazendo grande economia, pôde suprir o supérfluo. O atual Rei da Espanha[1], se fosse considerado generoso não teria realizado e nem vencido tantas campanhas.

Portanto, um príncipe deve ser muito comedido nos seus gastos para não ter que roubar seus súditos, para poder defender-se, para não ficar pobre e desprezível, para não ser forçado à voracidade, para não ligar à pecha de miserável, porque este é um dos defeitos que o fazem reinar. E se alguém observar que César, com liberalidade, chegou ao poder, como aconteceu com muitos outros, pela mesma causa ou porque seus atos assim fossem considerados, eu respondo: Ou já eram príncipes ou estavam a caminho de o ser. No primeiro caso, a liberalidade é danosa e, no segundo, muito necessário ser considerado como tal.

César era um dos que aspiravam ao poder em Roma, mas se depois que o conquistou tivesse vivido mais tempo e não fosse comedido nas despesas, teria destruído aquele Império. E se alguém replicasse que houve muitos príncipes que tiveram fama de liberais e que, com seus exércitos, fizeram grandes coisas, eu responderia que ou o príncipe emprega o seu dinheiro e de seus súditos ou de outrem. No primeiro caso deve ser comedido e, no segundo, não poupar nenhuma liberalidade. O príncipe que acompanha seus exércitos, que vive de presas de guerra, do saque e de resgates e que maneja o que é dos outros, não pode deixar de agir com liberalidade, caso contrário os soldados não o seguirão. E, afinal, ele pode ser amplamente generoso com o que não lhe pertence nem a seus súditos, como sucedeu com Ciro, César e Alexandre, porque gastar o que é dos outros não diminui mas aumenta a reputação. Prejudicial é gastar o que lhe pertence.

[1] Fernando, o Católico.

E não há nada que se consuma a si mesmo como a liberalidade, porque à medida que é feita vão minguando os recursos de quem a pratica, tornando-o pobre e necessitado, ou o torna rapace e odioso para fugir da pobreza. E uma das coisas que um príncipe deve evitar é ser odioso. A liberalidade conduz a uma ou a outra coisa. Então é mais conveniente ser chamado de avarento, que traz má fama, porém sem ódio, do que ser generoso com fama de voraz, o que é infâmia com ódio.

Capítulo XVII

DA CRUELDADE E DA PIEDADE E SE É MELHOR SER AMADO QUE TEMIDO OU VICE-VERSA

Examinando o que está na epígrafe, tenho a dizer que todo príncipe deve aspirar a ser considerado piedoso e não cruel, mas a piedade deve ser convenientemente empregada. César Bórgia, conhecido como cruel, organizou e unificou a Romanha, deu-lhe fé e paz sob a égide da crueldade. O que bem avaliado, veremos que foi mais piedoso do que o povo florentino, que para evitar a pecha de cruel, permitiu que Pistória fosse arruinada. Assim, o príncipe não deve preocupar-se se o julgarem cruel para manter seus súditos unidos e fiéis, porque com raríssimas exceções será mais piedoso do que aqueles que, por muita complacência, permitem desordens das quais podem originar morticínios e rapinagens. Estas prejudicam toda a sociedade e as condenações atingem um indivíduo apenas. E entre todos os príncipes, o novo não se livra da fama de cruel, por serem os estados novos cheios de perigos. Virgílio pela boca de Dido, diz:

"Recente o estado

Ao rigor me constrange, e a defender-nos,
Guarnecendo a fronteira"[1] .

[1] *Eneida*, I. Tradução de Manuel Odorico Mendes. No original: "Res dura, et regni novitas me Italia congunt. Moliri, et late fines custode teneri".

Não deve, portanto, o príncipe ser ingênuo nem imprudente e tímido, mas proceder de modo equilibrado, com prudência e humanidade, de tal forma que a confiança exagerada não o faça incauto e a muita desconfiança não o torne intolerável.

Surge, aqui, uma questão: "Se para o príncipe é melhor ser amado ou ser temido, ou vice-versa". O certo é que o melhor seria ambas as coisas. Mas é difícil juntá-las. Assim, entre uma e outra, é muito mais seguro ser temido que amado. Isto porque os homens são, geralmente, ingratos, volúveis, simuladores, covardes e gananciosos e enquanto recebem favores de quem está no poder lhe oferecem a vida, os filhos, o sangue e os bens, mas quando a adversidade se avizinha, desaparecem. E o príncipe, que acreditou neles e não se preparou para enfrentar o infortúnio, está arruinado, porque os que se tornam amigos do governo em busca de vantagens e não por grandeza e nobreza d'alma são interesseiros e fogem na hora incerta. E os homens têm mais facilidade em trair os que se fazem amar do que os que se fazem temer. O amor cria um vínculo de gratidão que se rompe facilmente, porque o homem é de mau caráter, enquanto o temor é seguro pelo liame do receio do castigo, que traz o homem submetido. O príncipe deve, no entanto, ser temido, de modo que não sendo amado também não seja odiado. E ele pode ser temido e não ser odiado, desde que respeite os bens e as mulheres dos seus súditos e quando for preciso matar alguém faça com justificação e causa manifesta. Deve, sobretudo, não apropriar-se dos bens alheios, porque os homens esquecem mais facilmente a morte do pai do que a perda do patrimônio. Depois, não faltam nunca ocasiões para roubar os bens dos outros e quando alguém começa a viver de pilhagem sempre encontra oportunidade para fazê-las, o que não sucede freqüentemente quando o tributo é a vida humana.

Mas quando está em guerra e tem sob seu comando grande número de soldados, então é inteiramente necessário não se preocupar com a fama de cruel, porque sem ela não é possível manter um exército unido e disposto a lutar. Das admiráveis ações de Aníbal, destaca-se a de ter comandado um exército enorme, composto de soldados de todas as idades e diversas nacionalidades, combatendo em terras alheias, sem que houvesse desentendimentos entre eles, nem em relação ao príncipe, nos bons e nos maus momentos. Tal comportamento é fruto da sua desumana crueldade, que, juntamente com suas inúmeras virtudes, o tornaram temido e respeitado. Mas se não fosse sua desumana crueldade, suas virtudes não seriam suficientes para atingir aquele resultado. Escritores superficiais há que louvam e admiram esta sua qualidade e há os que atribuem a ela a causa principal dos seus triunfos. Mas para demonstrar que as outras virtudes por si só de nada valeriam, tomemos por exemplo Cipião, homem excepcional em qualquer época e na memória dos fatos históricos, cujos exércitos se rebelaram na Espanha. Este fato se deve à extrema bondade com que tratava seus soldados, os quais gozavam de mais liberdade do que permite a disciplina militar. Por esta razão Fábio Máximo o censurou no Senado e o acusou de corruptor da milícia romana. Os Sócrios foram sacrificados por um enviado de Cipião e este não o puniu, vingando as vítimas, devido à sua natural bondade. E alguém, querendo defendê-lo no Senado, afirmou que Cipião era daqueles homens que sabiam mais evitar os erros próprios do que corrigir os alheios. Esta sua natureza teria, com o tempo, esmaecido sua fama e sua glória, se ele insistisse em governar com ela. Vivendo, porém, sob a autoridade do Senado esta sua natureza não só ficou oculta como foi causa da sua glória.

Voltando agora ao tema de "ser temido ou ser amado", direi que o amor dos homens depende deles enquanto o temor depende da vontade do príncipe e que, assim sendo, um príncipe sábio deve preferir o que depende dele e não dos outros, evitando, apenas, ser odiado.

Capítulo XVIII

DE COMO UM PRÍNCIPE DEVE HONRAR A PALAVRA EMPENHADA

Todos sabem quanto é louvável um príncipe cumprir a palavra empenhada e viver com integridade e não com ardis. No entanto, os fatos provam que houve príncipes que realizaram grandes coisas e não deram nenhum valor à sua palavra, e que, pela astúcia, ludibriaram os homens e suplantaram os que agiam com lealdade.

Por aí se vê que há duas maneiras de lutar: uma, pelas leis; outra, pela força. A primeira é própria dos homens, a segunda dos animais. Mas como a primeira muitas vezes é inócua, convém o uso da segunda. Um príncipe deve usar, com habilidade, a besta e o homem. Isto foi ensinado veladamente aos príncipes por antigos escritores, que narram como Aquiles e outros príncipes de outrora foram educados pelo centauro Quiron[1] e sob cujos cuidados ficaram. Ora, um preceptor meio homem e meio cavalo mostra ao príncipe que ele necessita usar a inteligência e a força, pois são elas as bases da estabilidade. Precisando um príncipe valer-se da natureza do animal, deve ter como modelos, conjuntamente, a raposa e o leão, porque o leão não se livra das armadilhas e a raposa não vence os lobos. Como raposa não cai em armadilhas e como leão afugenta os lobos. Aqueles que são simplesmente leões desconhecem o assunto. Não pode, portanto, um príncipe habilidoso manter a palavra empenhada, quando o seu

[1] Personagem da mitologia grega.

cumprimento é contra seus interesses e as causas que a determinaram já não existem. E se homens fossem todos honestos[2] este preceito não seria bom. Mas como são maus, desleais, nada impede que não se honre a palavra empenhada. E a um príncipe sobram razões para justificar-se. Disto temos infinitos exemplos modernos a demonstrarem quantos tratados de paz, quantas promessas se tornaram nulas e vãos pela deslealdade dos príncipes e a revelarem que se saíram melhor os que souberam habilmente aplicar a esperteza da raposa. Mas é preciso disfarçar bem esta natureza e ser grande simulador. Os homens, no entanto, são tão simples e sujeitos às necessidades presentes, que aquele que engana encontrará também quem o engane. Quero dar um exemplo hodierno. Alexandre VI durante toda sua vida outra coisa não fez senão enganar os homens e sempre encontrou ocasião para isso. E jamais existiu um homem que com maior firmeza e solenidade assumisse um compromisso para, depois, não cumprir absolutamente nada. No entanto suas trapaças sempre surtiram bom efeito porque ele conhecia bem esta faceta da humanidade[3]. O príncipe não necessita possuir todas as qualidades enumeradas, mas é indispensável que pareça tê-las. Ousarei até dizer que, possuindo-as todas e usando-as sempre, isto pode lhe ser prejudicial, enquanto só aparentando tê-las, pode lhe ser benéfico. Esta a conveniência de parecer piedoso, fiel, humano, íntegro e, em caso de necessidade, ser o contrário de tudo isso. Há de se entender que um príncipe, e máxime, um príncipe novo, não pode se ater a todas as coisas pelas quais os homens são considera-

[2] No original está: "fussino tutti buoni". Preferimos traduzir "buoni" por honestos.

[3] Guiciardini lembra o provérbio: "O Papa (Alexandre VI) não fazia nunca o que dizia e Valentino (César Bórgia) não dizia nunca o que fazia". *História da Itália*, VI (G. Lésio.)

dos bons, pois, para manterem-se no poder são constantemente obrigados a irem contra a fé, a caridade, a humanidade e a religião. Porém, deve ter o espírito disposto a acompanhar a direção dos ventos e as variações da sorte, não para deixar o bem, mas, se for obrigado, a enveredar pelo caminho do mal. Deve, também, ser muito cuidadoso no falar para que suas palavras reflitam as cinco qualidades retromencionadas, parecendo a quem o vir ou ouvir ser todo piedade, fé, inteireza, religião. E esta última é a que deve dar mais impressão de possuir. Os homens, em geral, formam mais sua opinião vendo do que pelo tato, porque todos vêem e poucos sentem. Todos vêem as coisas como lhes parecem, mas poucos como realmente são, e os que vêem a realidade não se atrevem a contrariar a opinião dos que têm a seu favor o poder do estado. E nas ações dos homens, máxime dos príncipes, onde não há tribunal para recorrer, o melhor é aguardar o resultado. Faça, pois, um príncipe por vencer e conservar o estado, que os meios serão sempre tidos como honrosos e dignos de louvor, porque o vulgo é sempre atraído pelas aparências e pelo fato consumado. E o vulgo é o mundo. As poucas inteligências só têm vez quando o vulgo não tem onde se apoiar. Um príncipe dos nossos dias[4], cujo nome prefiro silenciar, não prega outra coisa senão a paz e a fé, e, no entanto, é inimigo terrível de ambas e se ele fosse sincero nos seus sentimentos já teria perdido a reputação e o estado.

[4] Fernando, o Católico.

Capítulo XIX

COMO EVITAR O DESPREZO E O ÓDIO

Como já falei das qualidades mais importantes que enumerei, resta-me, agora, examinar as demais, embora o faça em suas generalidades e superficialmente. Acentuei que o príncipe deve evitar atos que o tornem odioso e desprezível e sempre que assim fizer estará agindo com acerto, pois os outros defeitos não lhe causarão danos. O que o torna, acima de tudo, odioso, é bom frisar, é usurpar, roubar os bens dos seus súditos e conquistar-lhes as mulheres. Os homens, em geral, quando respeitados os seus bens e sua honra, vivem contentes, e o príncipe que, neste ponto, souber se conduzir, só terá que enfrentar a ambição de poucos, que, por vários modos, é facilmente controlada. O que o faz desprezível é ser julgado volúvel, leviano, efeminado, pusilânime, indeciso, razão pela qual deve fugir dessas coisas como o nauta se afasta dos escolhos. De um príncipe devem emanar ações de grandeza, coragem, ponderação e energia e, no que tange aos interesses privados de seus súditos, tomar decisões irrevogáveis, conduzindo-se com tal segurança, que ninguém pense enganá-lo ou fazê-lo retroceder.

O príncipe que conseguir esta imagem terá grande reputação. E quem consegue tal reputação, enquanto o considerarem excelente e for respeitado, dificilmente será atacado e contra ele conspirarão. Um príncipe deve recear dois perigos: um de ordem interna, gerado entre seus súditos, e, outro, de ordem externa, que são os poderosos estrangeiros. Destes se defenderá com boas armas e bons amigos. E não faltarão bons amigos ou aliados a quem tiver bons exércitos.

A vida interna do estado sempre estará estabilizada se as coisas externas o estiverem, isto se já não se encontrar ameaçada por uma conspiração. E mesmo que as do exterior não sejam favoráveis, o príncipe que se portou de acordo com as normas que indiquei, e não se abater, conterá qualquer ataque, como aconteceu com o espartano Nábis. No que tange aos súditos, quando não há problemas externos, há de se temer que eles conjurem secretamente, mas estes perigos serão afastados se o príncipe não se tornou desprezível ou odioso e se tiver o povo a seu favor. O apoio do povo é indispensável. E um dos mais poderosos remédios que um príncipe tem contra os conspiradores é não ser odiado pelo povo, pois sempre quem conjura acredita que o aniquilamento do príncipe satisfaz ao povo. Mas se o conspirador nota que isso não agrada ao povo, não terá ânimo de conjurar, porque as dificuldades a vencer seriam enormes. A história mostra que foram muitas as conspirações, mas que bem poucas tiveram êxito, porque quem conjura não pode fazê-lo só e seus companheiros são apenas os descontentes. Quando um conspirador revela suas intenções a um descontente, dá-lhe motivo de satisfação, porque ele poderá tirar vantagens pessoais delatando o fato, fugindo aos perigos e dúvidas de um movimento subversivo. Daí só merecer fé para comprometer-se numa conjuração um amigo raro ou um obstinado inimigo do príncipe. Em síntese, direi que do lado do conspirador não há senão medo, inveja e o receio da punição. E que do lado do príncipe, existem a força do poder, as leis, os amigos que o defendem e somando todas estas coisas à estima popular, é impossível que alguém seja tão temerário que deseja conspirar. Porque, o que alguém receia antes de conspirar, deverá recear também depois do fato consumado, quando não encontrará apoio, tendo o povo por inimigo.

Exemplos não faltam. Mas me satisfaço em dar um que vem de nossos pais.

Aníbal Bentivogli, avô do atual Aníbal, que era príncipe de Bolonha, foi assassinado pelos Canneschi, em uma conspiração. O povo, revoltado, matou todos os Caneschis, dada a simpatia popular com que a Casa dos Bentivoglis desfrutava. E tão estimados eram que não havendo em Bolonha, morto Aníbal, quem da família pudesse assumir o governo, pois João Bentivogli ainda era menor, os Bolonheses, sabendo que em Florença havia um jovem pertencente à família Bentivogli, e que passava por filho de um ferreiro, foram buscá-lo e entregaram-lhe o governo de Bolonha, até que João atingisse a idade adequada para assumir o governo.

Concluo, portanto, que um príncipe não se deve preocupar muito com as conspirações quando é benquisto pelo povo, mas quando o povo for seu inimigo e o odeia precisa precaver-se. Os estados bem organizados e os príncipes judiciosos têm que não aborrecer os poderosos e satisfazer o povo, mantendo-o satisfeito, porque, aqui está uma das mais importantes questões que se apresentam a um príncipe. Entre os reinos bem organizados e governados, em nossos tempos, encontra-se a França. E nele existem inúmeras instituições boas, das quais dependem a liberdade e a segurança do rei. A primeira é o Parlamento com sua autoridade, porque quem organizou este reino, conhecendo a ambição dos poderosos e a sua insolência, julgou ser necessário colocar-lhes freio na boca para contê-los, e, de outro lado, sabendo que o povo odeia os poderosos devido ao medo que lhe inspiram, não quis que essa competência fosse do rei, para afastá-lo da acusação dos grandes quando favorece o povo e da censura do povo quando auxiliasse os grandes. Assim, foi constituído um terceiro poder, que favorecia o povo e punia os poderosos, sem responsabilidade do rei. Tal órgão não podia ser melhor nem mais prudente para a segurança do rei e do reino. Daí se pode concluir, de forma marcante, que um príncipe deve incumbir aos outros a aplicação das penas e reservar para si a distribuição dos favores. Conclui-se, ainda, que um príncipe deve viver bem com os poderosos, mas não ser odiado pelo povo.

A muitos parecerá, conhecendo-se a vida e o fim de alguns imperadores romanos, constituírem exemplos contrários ao que acabo de afirmar, pois que alguns deles, tendo vida exemplar e demonstrando grande coragem, perderam o império ou foram mortos pelos seus súditos que contra eles se sublevaram. Desejando contestar essas objeções, darei as razões da queda de alguns imperadores, procurando, particularmente, referir-se àquelas que parecem mais destacadas a quem lê a história daqueles tempos. Basta-me mencionar todos os imperadores, desde Marco[1], filósofo, a Massimino, os quais foram Marco, seu filho Cômodo, Pertinax, Juliano, Severo, seu filho Antonio Caracala, Madrino, Heliogábalo, Alexandre e Maximino. E o que se deve, logo, observar, é que enquanto noutros principados é necessário somente lutar contra a ambição dos poderosos e a insolência do povo, os imperadores romanos enfrentavam uma terceira dificuldade, que era a de suportar a crueldade e sordidez dos soldados. E isto se tornou tão enraigado, que foi a causa e a desgraça de muitos, porque é difícil satisfazer a soldados e povo ao mesmo tempo. O povo amava a tranqüilidade e, por isso, preferia os príncipes moderados, enquanto os soldados desejavam os de espírito belicoso, insolente, desumano e rapace. Esses soldados queriam que os príncipes se voltassem contra o povo para receber soldo duplicado e saciar o seu instinto ladravaz e cruel. Estas coisas fizeram com que aqueles imperadores, que por natureza ou formação, não tinham grande autoridade para conter os soldados, se arruinassem. E a maior parte deles, máxime os novos, que chegavam ao principa-

[1] Marco Aurélio.

do, ao depararem com dificuldades, procuravam atender aos soldados, não se importando em prejudicar o povo, cujo apoio, entretanto, era necessário, pois sendo os príncipes odiados por alguns, deviam fazer tudo para serem estimados pela maioria, ou, se isso não fosse possível, fugir, então, ao ódio dos grupos mais poderosos. E por isso, os imperadores novos que necessitam apoio extraordinário, preferiam os soldados do povo, o que lhes podia ser favorável ou não, dependendo tudo da autoridade que soubessem manter sobre a tropa. Por estas razões temos que Marco[2], Pertinax e Alexandre, todos de vida modesta, respeitosos da justiça e inimigos da crueldade, humanos e bondosos, com exceção de Marco, tiveram triste fim. Somente este viveu e morreu respeitado, porque recebeu o poder por herança, não lhe sendo, assim, necessário fosse reconhecido pelos soldados ou pelo povo. E mais: Ele possuía tais virtudes que o tornaram sempre benquisto, tanto dos soldados como do povo, o que fez que não fosse nem desprezado nem odiado. Pertinax, feito imperador contra a vontade dos soldados, habituados à libertinagem permitida por Cômodo, querendo impor-lhes uma vida honesta, atraiu contra si o ódio, e desrespeitado, por ser velho, arruinou-se logo no início do seu governo[3]. E aqui se deve notar que o ódio resulta tanto das boas como das más ações. Assim, como já ressaltei, um príncipe para manter-se no poder é muitas vezes obrigado a não ser bom, porque quando a facção que ele julga necessária para manter-se no poder, quer seja do povo, do exército ou dos próceres, é corrupta, convém atender às suas imposições, pois se os contrariar praticará uma boa ação, que redundará em seu prejuízo. Lembremos, aqui, Alexandre, que foi tão bondoso que durante os catorze anos que governou não

[2] Marco Aurélio.

[3] Esteve no poder apenas 3 meses em 193.

mandou executar ninguém sem prévio julgamento, o que lhe granjeou louvores. Mesmo assim, foi considerado um efeminado, dominado por sua mãe, razão pela qual caiu em desprezo, e foi assassinado pela tropa sublevada.

Focalizando, agora, em contraposição, as qualidades de Cômodo, Severo, Caracala e Maximino, ver-se-á que foram crudelíssimos e rapaces ao extremo, e que, para satisfazerem os soldados, cometeram atos prejudiciais ao povo, e todos, com exceção de Severo[4] tiveram um triste fim. Isto porque, Severo, sendo virtuoso, manteve a amizade da tropa, e, embora oprimindo o povo, pôde reinar com tranqüilidade, pois suas virtudes o tornaram admirado pelo povo e pelos soldados. Aquele ficava atônito e admirado e estes reverentes e satisfeitos. E porque as ações de Severo são relevantes em um príncipe novo, eu quero mostrar, em rápidos traços, como soube usar bem a esperteza da raposa e a força do leão, de que tratei páginas idas. Quando Severo soube da covardia do Imperador Juliano, convenceu o seu exército, que se achava na Esclavônia[5], a invadir Roma para vingar a morte de Pertinax, assassinado pela guarda pretoriana. E com este pretexto, não revelando que aspirava ao império, chegou à Itália, inesperadamente. Em Roma, assassinou Juliano. O Senado, vencido pelo medo, fê-lo imperador. Restava, agora, a Severo, transpor dois obstáculos para se assenhorear de todo o império. O primeiro na Ásia, onde Nigro[6], chefe dos exércitos ali acampados se fizera proclamar imperador e, o segundo, no Ocidente, onde Albino[7] também aspirava ao poder. E como julgava perigoso combater os dois ao mesmo tempo, preferiu ata-

[4] Trata-se de Sétimo Severo, governou de 193 a 211.

[5] Antiga Ilíria.

[6] Caio Pescênio Nigro.

[7] Décio Cláudio Setímio Albino.

car Nigro[8] e enganar Albino. Para ludibriar Albino, escreveu-lhe que, tendo sido feito imperador pelo Senado, desejava dividir com ele aquela dignidade e enviou-lhe o título de César, declarando-o seu colega. Albino acreditou. Liquidado Nigro, pacificado o Oriente, Severo voltou a Roma e denunciou Albino, no Senado, como ingrato por não ter reconhecido as dignidades que dele recebera e que traiçoeiramente pretendia matá-lo, razão pela qual devia ser punido. Depois foi à França e lhe tirou o poder e a vida.

Quem examinar suas ações, concluirá que Severo foi um ferocíssimo leão e uma astutíssima raposa e verá que foi temido e respeitado por todos e que não foi odiado pelo exército. E, ainda, não se admirará que ele, um homem novo, tenha conseguido tanto poder. Isto aconteceu porque sua grande reputação o defendeu do ódio que o povo podia lhe votar por suas rapinagens. Mas Antonino[9], seu filho, foi também, por seu proceder, respeitado pelo povo e querido pelos soldados. Era um militar que suportava qualquer cansaço, não se importando com manjares requintados, nem com conforto e, por isso, os soldados o estimavam. No entanto, suas ferocidade e crueldade foram tantas e inauditas, que mandou matar grande número de cidadãos, sacrificou boa parte da população de Roma e toda a de Alexandria, que se tornou odiado por todo o mundo, de tal sorte que os que o cercavam passaram a temê-lo, o que o levou a ser assassinado por um centurião em meio do seu exército. Donde é de se notar que semelhantes banditismos, levados a cabo por homens obstinados, são inevitáveis, porque quem não teme a morte, poderá matar um príncipe; mas esses casos não devem ser motivo

[8] Nigro foi derrotado em 195, em Nicéia, e, depois, morto pelos soldados.
[9] Antonino Caracala reinou de 211 a 217. Também foi cruel. Assassinou um irmão, no colo da mãe.

de cuidados, porque são raros. Deve, isto sim, não ofender gravemente aqueles que o servem e que tem junto de si nos serviços do principado, como fez Antonino, que tendo matado indignamente a um irmão de um centurião, ainda o ameaçava todos os dias. Antonino manteve o centurião, temerariamente, em sua guarda, e este acabou por liquidá-lo, como sucedeu.

Tratemos, agora, de Cômodo, que teria grande facilidade em manter o império que recebeu, por herança, de Marco, seu pai, desde que seguisse as pegadas paternas, que sempre mantiveram soldados e povo satisfeitos. Mas sendo de natureza cruel e bestial, para espoliar o povo, passou a agradar o exército e consentiu que praticasse toda sorte de abusos. E, por outro lado, tendo perdido a dignidade, descia constantemente à arena para lutar com gladiadores e praticava atos impróprios de um governante, aviltando-se perante seus soldados. Vulgarizando-se. E, assim, odiado por uns e desprezado por outros, acabou vítima de uma conspiração armada. Resta falar de Maximino, que foi homem belicoso ao extremo e se aproveitou dos aborrecimentos que a inércia de Alexandre causava a seus exércitos, tornando-se imperador com sua morte. Maximino, porém, reinou por pouco tempo[10]. Duas coisas o tornaram odioso e desprezível: uma, sua origem, pois fora pastor de ovelhas da Trácia (fato conhecido e que o diminuía no conceito geral) e, outra, o ter retardado sua chegada a Roma para ocupar a dignidade imperial e praticado inúmeras crueldades em todo o império através dos seus prefeitos. Assim, movidos pelo desprezo da sua origem e pelo ódio que sua crueldade causava, generalizou-se uma rebelião contra ele, primeiro na África, depois no Senado acompanhado pelo povo romano e, por fim, em toda a Itália. A esse movimento aderiu

[10] Reinou de 235 a 238.

o seu próprio exército, que estava acampado às portas de Aquiléia e que, enfurecido pelas suas crueldades, sabendo-o cercado por tantos inimigos, matou-o. Não desejo falar de Heliogábalo, nem de Macrino e Juliano, que, por serem todos desprezíveis, sucumbiram logo[11]. Deixo-os e passo à conclusão deste capítulo. Direi que os príncipes dos nossos tempos não enfrentam tantas dificuldades para contentar as tropas, porque embora lhes deva consideração, as soluções são mais fáceis, o que não acontecia no Império Romano, devido à forma de administração das suas províncias onde era necessário satisfazer mais os soldados do que o povo, porque os soldados podiam mais do que o povo. Hoje, é mais necessário aos príncipes – exceto ao Turco e ao Sultão[12] – satisfazer mais ao povo do que aos soldados, porque o povo é mais poderoso que os soldados. Fiz exceção ao Turco, porque este mantém sempre um exército de doze mil infantes e quinze mil soldados de cavalaria, que dão segurança e poder ao seu reino. Pode, assim, não ter nenhuma consideração com o povo e toda com os soldados. No reino do Sultão, estando tudo nas mãos dos soldados, o que lhe interessa é a amizade destes e não a do povo. E, note-se, que o principado do Sultão é diferente de todos os outros principados, porque é semelhante ao Pontificado Cristão, que não se pode classificar nem como hereditário nem como novo, porque não são os filhos dos antigos príncipes que assumem o poder mas aquele que é escolhido pelos que têm poderes para isso. E como este principado é antigo e não pode ser classificado como novo, pois nele não há as dificuldades que

[11] Heliogábalo, assírio, sacerdote do Sol, foi trucidado por seus soldados em 222. Macrino, prefeito do pretório, em 217/218, assassinado por suas crueldades. Didio Juliano, teve a coroa imperial por pouco tempo. Foi morto em 193.

[12] Grão Turco e Sultão do Egito.

neste existem, mesmo o príncipe sendo novo, sua organização é antiga, o que o faz ascender como se fosse hereditário. Mas voltemos ao assunto. Direi que quem considerar o que atrás referi, verá o ódio ou o desprezo como causas da desgraça dos imperadores referidos e conhecerá, ainda, os motivos porque, procedendo diferentemente, uns terminaram bem e outros mal. E também por que razões Pertinax e Alexandre, por serem príncipes novos, foi-lhes inútil e prejudicial imitar Marco, que era príncipe por direito sucessório. Foi, igualmente pernicioso a Caracala, Cômodo e Maximo imitarem Severo, porque não possuíam qualidades suficientes para poder seguir-lhes a trilha. Portanto, um príncipe novo, num principado novo, não pode imitar as ações de um Marco nem as de um Severo, mas deve aproveitar de um Severo o que for importante para fundar o seu estado e de um Marco aquelas que, convenientes e gloriosas, sirvam para conservar o governo que se encontre consolidado.

Capítulo XX

SE AS FORTALEZAS E MUITAS OUTRAS COISAS QUE CONSTANTEMENTE OS PRÍNCIPES FAZEM, SÃO ÚTEIS OU NÃO

Alguns príncipes, para manterem o estado sem perturbações, desarmaram os seus súditos; outros, criaram facções nas terras conquistadas[1]; outros, fomentaram discórdia entre os grupos para que combatessem entre eles; outros, procuraram o apoio daqueles que suspeitavam ao iniciarem o seu governo; alguns construíram fortalezas e houve os que destruíram as existentes. E embora destes expedientes nada se possa concluir de definitivo, sem examinar as particularidades dos estados onde se tivesse que tomar qualquer uma dessas iniciativas, falarei das generalidades que a matéria comporta.

Jamais um príncipe novo desarmou os seus súditos e sempre que os encontrou desarmados, armou-os. Isto porque, armando-os, essas armas se tornavam suas e conquistava os duvidosos e os que eram seus partidários se mantinham fiéis e, assim transformava os súditos em auxiliares. E como é impossível armar todos os súditos, a fim de sentir-se seguro, deve favorecer os que estão armados. O tratamento diferente compromete com o príncipe os que foram armados, enquanto os outros se conformarão, admitindo que os que cercam o príncipe correm maiores riscos e, por isso, merecem maiores favores. Se eles forem desarmados ficarão ressentidos, pois julgarão que não são dignos de confiança, por não

[1] O velho princípio, dividir para governar.

merecerem fé ou por serem pusilânimes e colocar-se-ão contra o príncipe. E como um príncipe não pode ficar sem exército precisa socorrer-se de tropas mercenárias, cujos inconvenientes são conhecidos. Mesmo que estas tropas fossem boas, não seriam suficientemente fortes e numerosas para defenderem o príncipe de inimigos poderosos e súditos suspeitos. Porém, como disse, um príncipe novo num principado novo sempre organizou suas forças. Destes exemplos a história é rica. Mas quando um príncipe conquista um estado novo, que, como membro, o anexa ao que já possuía, então os novos súditos devem ser desarmados, com exceção dos que colaboraram na conquista, os seus partidários. E estes mesmos, com o correr do tempo e oportunamente, devem ser enfraquecidos e tornados apáticos, de forma que todo o controle volte ao exército do antigo estado, que é da confiança do príncipe.

Nossos antepassados e aqueles que eram considerados argutos diziam que para conservar Pistóia era preciso manter e agitar as facções e para conservar Pisa erguer fortalezas, agindo diferentemente nas terras conquistadas para submetê-las com facilidade. Naqueles tempos em que a Itália se encontrava de certa maneira equilibrada, esta forma de agir estava certa, mas não creio que serviria para os nossos dias. Não me parece que as discórdias possam beneficiar alguém. Antes, as discórdias contribuem para que as cidades onde elas medram sejam conquistadas com a aproximação do inimigo, porque sempre a parte mais fraca adere ao inimigo e a outra não terá como reagir. Os vênetos, creio, movidos pelas razões referidas, insuflavam as facções guelfas e gibelinas uma contra a outra, nas cidades sob seu domínio, distraindo-as com esta manobra sem permitir que chegassem às vias de fato, para evitar que se revoltassem contra eles. Mas esta política nada lhes valeu, porque sendo derrotados em Vailá, uma das facções criou coragem e lhes arrebatou todo o estado. Este recurso, portanto, é sinal de fraqueza do príncipe, porque tais divisões são inadmissíveis num principado, forte. Tais discórdias são proveitosas nos tempos de paz, pois facilitam manobrar os súditos, mas desastrosas em tempo de guerra.

Os príncipes engrandecem-se quando superam as dificuldades e dominam as oposições. Por isso, quando a fortuna quer engrandecer um príncipe novo, que necessita de mais renome que um hereditário, lhe dá inimigos, a fim de que tenha a oportunidade de abatê-los e subir, valendo-se dos próprios degraus que os adversários lhe oferecem. Daí julgarem muitos que um príncipe inteligente deve, quando oportuno, provocar com habilidade, movimentos contra ele, para depois, sufocando-os, engrandecer-se ainda mais. Os príncipes, especialmente os novos, encontram mais fidelidade e préstimos nos homens que, a princípio, eram suspeitos, do que naqueles que se apresentavam merecedores de confiança. Pandolfo Petrucci, príncipe de Siena, governava o seu estado mais com os que lhe eram suspeitos do que com os outros[2]. Mas deste assunto não é possível falar largamente, porque varia conforme o caso. Direi, apenas, que os homens, no início de um principado foram hostis ao governo, querem acomodar-se, e o príncipe com facilidade os conquistará. E, eles, com maior fidelidade, procurarão servi-lo, e, com suas ações, mudar a opinião desfavorável que deles se formou. Estes, assim, prestam melhores serviços ao príncipe do que os que se julgando acima de qualquer dúvida, descuram das suas obrigações. E como a matéria é importante, quero lembrar os príncipes que ascenderam ao poder pelo consenso dos súditos, que estudem bem as causas do seu sucesso. Elas podem não resultar do prestígio próprio, mas serem fruto de

[2] Petrucci tornou-se príncipe de Siena em 1500, depois de haver mandado assassinar Nicolau Borghese.

descontentamento com o antigo governo e, neste caso, o príncipe não terá facilidade em conquistar a simpatia do povo, porque nunca poderá contentá-lo. Face aos exemplos antigos e modernos, no que tange ao que se acaba de considerar, ver-se-á ser bem mais fácil conquistar amigos entre os que estavam satisfeitos com o antigo estado, e que eram seus adversários, do que entre os que aderiram a ele por estarem descontentes e que o ajudaram a conquistar o principado.

É costume dos príncipes construírem fortalezas para repelir os que quiserem atacá-los, bem como possuírem refúgio seguro no caso de uma investida de surpresa. Louvo este modo de proceder, porque é usado de longa data. Mas, apesar disso, Nicolau Vitelli teve que demolir duas fortalezas da Cidade do Castelo para conservar esse estado. Guido Ubaldo, Duque de Urbino, retornando aos seus domínios, dos quais César Bórgia, o havia expulso, arrasou todas as fortificações daquela província, pois entendia que sem elas poderia mais facilmente manter o estado. Bentivogli, voltando a Bolonha, agiu da mesma forma. São, portanto, as fortalezas úteis ou não, conforme as circunstâncias e se trazem benefícios de um lado, de outro podem prejudicar. Isto tem explicação. O príncipe que temer mais o seu povo do que os estrangeiros deve edificá-las. Mas o que temer mais os estrangeiros do que o povo, não deve edificá-las. A casa dos Sforzas sofreu e sofre mais aborrecimentos por causa do Castelo de Milão do que por quaisquer perturbações naquele estado. A melhor das fortalezas de um príncipe está em não ser odiado pelo povo, porque ainda que existam fortalezas, estas não o salvarão do ódio popular, pois nunca faltarão governos estrangeiros para ajudar a subversão. Nos tempos atuais, as fortalezas não deram proveito a nenhum príncipe, a não ser à Condessa de Forli[3], quando foi assassinado o seu marido, Conde

[3] Catarina Sforza, esposa de Jerônimo Riario, sobrinho de Sisto IV. Jerônimo foi assassinado em 1488, na conjuração de Forli.

Jerônimo, porque pôde refugiar-se na fortaleza, escapando da fúria popular, onde esperou o socorro que veio de Milão, com o qual recuperou o poder. A situação era tal que os estrangeiros não podiam auxiliar os amotinados. Entretanto, quando César Bórgia invadiu o seu estado, pouco valeram as fortalezas à Condessa de Forli, pois o povo desgostoso aderiu ao invasor. Portanto, para ela seria mais seguro não ser odiada pelo povo do que possuir fortalezas. Considerando, assim, estas coisas, louvarei os que construíram fortalezas e os que não as construíram, e lamento aqueles que confiando nas fortalezas, pouco se preocuparam com os sentimento popular.

Capítulo XXI

COMO UM PRÍNCIPE DEVE PROCEDER PARA SER ESTIMADO

O que mais contribui para que um príncipe seja estimado é a realização de grandes empreendimentos e a prática de atos edificantes. Em nossos dias, temos Fernando de Aragão, atual Rei da Espanha, que pode ser considerado um príncipe novo, pois sendo um soberano secundário se tornou, pela fama e pela glória, o primeiro dos reinos Cristãos. E se examinarmos suas ações, julgá-las-emos todas grandes e algumas extraordinárias. No início do seu reinado, invadiu Granada[1] e, com esta conquista, lançou os fundamentos do seu estado. Não encontrou, então, nenhuma oposição ao empreendimento. Os barões de Castela, preocupados com a referida guerra, não se dedicavam a outras coisas, e, com isso, Fernando conquistava, entre todos, reputação e força, sem que eles o percebessem. E pôde, com o dinheiro da Igreja e do povo, manter suas tropas e, com uma campanha prolongada, estruturar seus exércitos e consolidar sua fama de militar. Além disso, atirou-se a maiores empresas e, servindo-se sempre da religião, com piedosa crueldade[2] expulsou do seu reino os marranos[3] e despojou-os de seus

[1] Derrotou os mouros, em 4 de janeiro de 1492.

[2] "Piedosa crueldade", escreve Maquiavel, porque beneficiava aos espanhóis e à religião cristã. Nota de G. Lísio, ob. cit.

[3] Marranos, nome depreciativo dado aos mouros e judeus, que se tornavam cristãos por conveniência, continuando no íntimo, com suas religiões. A expulsão deu-se por volta de 1501.

bens numa façanha rara e admirável[4]. Com esta mesma capa, assaltou a África, a Itália e, ultimamente, a França[5] e, assim, planejou e urdiu tantas coisas, que empolgaram seus súditos e os mantiveram suspensos e extasiados. E agiu de tal modo, que, entre uma e outra ação, jamais deu oportunidade para que pudessem manobrar contra ele. É importante, ainda, a um príncipe oferecer exemplos raros aos seus súditos, semelhantes aos que se conhecem de Bernabó de Milão[6]; assim, quando alguém praticar algum ato extraordinário, bom ou mau, na vida civil, deve o príncipe premiá-lo ou puni-lo, mas sempre com grande ostentação. E, acima de tudo, o príncipe deve preocupar-se em dar às próprias ações um sentido do qual resulte fama de homem excelente. Torna-se, também, estimado aquele que sabe ser verdadeiro amigo e pertinaz inimigo, ou seja, quando, sem nenhum subterfúgio, se coloca a favor ou contra alguém. Tomar partido é sempre mais útil do que ficar neutro, porque se dois poderosos vizinhos de um príncipe entram em luta um contra o outro, ou são de tal forma que o vencedor pode causar-lhe preocupações ou não: em qualquer destas hipóteses será sempre mais proveitoso tomar partido e entrar na guerra de fato. No primeiro caso, se permanecer neutro, será presa do vitorioso, com grande júbilo para o vencido, e não haverá razão para que alguém venha a seu favor. Tal acontece, porque o vencedor não deseja amigos

[4] Na edição de G. Lísio, está "miserabile". Na de Michele Scherillo "mirabéle", com o argumento bastante razoável, de que Maquiavel não se interessaria tanto pela sorte dos marranos.
[5] Em 1509, ocupou parte da África. Pelo Tratado de Granada, em novembro de 1500, Fernando, o Católico, e Luís XII, da França, dividiram entre si parte do Sul da Itália, ficando o primeiro com o título de Rei de Nápoles e Jerusalém que, em 1512, pertencia aos Albret.
[6] Bernabó Visconti, que punia ou premiava de modo espalhafatoso, para chamar a atenção de todos e promover-se.

suspeitos e que não o ajudem na adversidade e ao vencido repugna aquele que não quis correr o risco, pegando em armas ao seu lado. Antíoco foi chamado pelos Etólios para expulsar os Romanos da Grécia. Ele mandou emissários aos Aqueus, que eram amigos dos Romanos, para convencê-los à neutralidade, mas, por outro lado, os Romanos procuravam fazer com que os Aqueus tomassem armas a seu lado. Esta matéria foi objeto de deliberação no conselho dos Aqueus, onde o delegado de Antíoco os persuadia a permanecerem neutros, ao que o representante dos Romanos alertou: "Quanto ao que dizem que não deveis tomar parte na guerra, nada é mais contrário aos vossos interesses, porque sereis presa do vencedor, sem compensação e sem honra"[7]. E sempre acontecerá o mesmo em situações idênticas: o que não é amigo pleiteia a neutralidade e o amigo a participação. Os príncipes hesitantes, para se livrarem destes perigos, procuram quase sempre a neutralidade e na maioria das vezes são mal sucedidos. Mas quando o príncipe se decide corajosamente a favor de uma parte e se ela sair vencedora, ainda que seja poderosa e que o tenha à sua mercê, ela se obriga para com o aliado e lhe deve amizade, porque os homens não são tão desonestos que venham a oprimir aqueles a que devem gratidão. Considere-se, ainda, que as vitórias jamais são tão completas, que o vencedor não leve em conta certas circunstâncias, principalmente por ser de justiça. Mas se o que for ajudado perder, sempre será devedor ao aliado e o socorrerá quando puder e, desta forma, terá seu destino ligado a uma potência que poderá ressurgir. No segundo caso, quando os contendores são de tal potência que o príncipe não deva recear o vencedor, muito mais conveniente é parti-

[7] "Quod autem isti dicunt non interponendi vos bello, nihil magis alienum rebus vestri est; sine gratia, sine dignitate, praemium victoris eritis."

cipar da luta. Com isto contribuirá uma ruína de um, auxiliando aquele que deveria salvá-lo[8], se fosse sábio. A vitória do lado para o qual o príncipe pender será certa, o que submeterá o vencedor, que só teve sucesso com o seu auxílio.

E, aqui, é de considerar-se que um príncipe deve precaver-se de ser aliado de outro mais poderoso do que ele para guerrear um terceiro, a não ser quando for obrigado pela necessidade, como já ressaltei. Os príncipes devem evitar o mais possível submeterem-se a outros. Os vênetos aliaram-se à França contra o Duque de Milão, o que poderia ser evitado, e, deste fato, resultou sua ruína. Mas quando não pode evitar uma atitude dessas, como acontece com os florentinos, quando os exércitos do Papa e da Espanha atacaram a Lombardia, então deve aderir conforme o que acima foi dito. Não pense nenhum governo em tomar sempre decisões certas, mas é aconselhável que ele as tome de forma duvidosa, porque é da lógica dos fatos que quando se procura fugir de um inconveniente se acaba esbarrando em outro. Mas a prudência consiste em conhecer a natureza dos inconvenientes e aceitar o menos mau com bom.

Deve ainda um príncipe mostrar-se amante das boas qualidades e exaltar aqueles que se destacarem em qualquer arte. A par disso, deve incutir nos seus súditos confiança para tranqüilamente exercerem suas atividades, no comércio e na agricultura, ou em qualquer outro ofício, de modo que, primeiro, não tema de aprimorar sua propriedade com receio de perdê-la e, segundo, não deixe de desenvolver seu comércio devido ao fantasma dos impostos. Deve, isto sim, oferecer prêmios para os que se dediquem a essas atividades e que, de qualquer modo, procurem engrandecer a cidade e o estado.

[8] G. Lísio, ob. cit., esclarece este ponto: os mais fracos deveriam unir-se e não combater-se, para livrarem-se dos poderosos.

Nas épocas próprias do ano deve proporcionar ao povo festas e espetáculos. E como as cidades estão divididas em corporações ou em tribos, se faz necessário que o príncipe demonstre interesse por elas, visitando-as algumas vezes, como prova de carinho e munificência, porém, conservando, em todos os momentos, sua dignidade e sua majestade.

Capítulo XXII

DOS SECRETÁRIOS DO PRÍNCIPE

Para um príncipe é da maior importância a formação do quadro dos seus ministros, o qual será bom ou não, segundo a sabedoria da sua escolha. E a primeira avaliação que se faz da inteligência de um príncipe é vendo quais os homens que o cercam. Quando eles são competentes e dignos, pode-se considerá-lo inteligente, porque soube reconhecer-lhes as qualidades e mantê-los leais. Mas quando tal não acontece, não se pode fazer bom juízo do príncipe, porque seu primeiro erro está na má escolha. Pandolfo Petrucci, príncipe de Siena, foi considerado um grande homem por ter escolhido para seu ministro a Antonio de Vanafro, altamente considerado por quantos o conheciam[1]. Isto porque há três categorias de inteligências: uma que entende as coisas por si; outra, que se vale de outros para entender as coisas, e, finalmente, a que não entende nem por si nem pela dos outros. A primeira é excelente, a segunda boa e a terceira inútil. Assim, se Pandolfo não estava no primeiro caso, estava no segundo, porque quando alguém possui discernimento para distinguir o bem e o mal que outro pratique ou diga e, mesmo que não tenha gênio criativo, saiba julgar as obras boas e más dos seus ministros, elogiando as primeiras e corrigindo as segundas, leva os conselheiros a convencerem-se de que não podem enganá-los e os obriga a agir corretamente.

[1] Antonio Giordani (1459-1530), legista e diplomata, foi professor no Colégio de Siena.

Mas há um modo do príncipe conhecer seus ministros, que não falha nunca: Quando um ministro pensa mais em si do que no príncipe e quando nas suas ações procura tirar proveito para si, é certo que não se trata de um bom ministro e que não merece confiança, pois o responsável pelos negócios do estado jamais deve pensar em si, mas sempre no príncipe e não entretê-lo jamais com assuntos estranhos ao estado. E, por outro lado, o príncipe para conservar o ministro leal, deve torná-lo importante e rico, comprometê-lo consigo, dar-lhe honrarias e cargos, a fim de que ele sinta que precisa do governo, e que, cheio de cargos, honras e dinheiro tenha horror a qualquer mudança de governo. Quando as coisas estão assim acomodadas, príncipes e ministros podem confiar uns nos outros, mas se estiverem de forma diferente, o fim será desastroso para uns e para outros.

Capítulo XXIII

DE COMO EVITAR OS ADULADORES

Não posso deixar de lado um assunto importante, qual este que trata de um erro a que os príncipes estão facilmente sujeitos, quando não são avisados e não sabem escolher seus auxiliares. Este erro consiste em acreditar nos aduladores que cercam os governos, porque os homens são tão suscetíveis à lisonja e de tal maneira se iludem, que dificilmente se livram dessa corja. E quando querem afastá-la correm o risco de situações desagradáveis, porque não há outro meio de evitar a adulação a não ser admitindo que todos digam a verdade. Mas quando todos podem dizer a verdade, acabam faltando com o devido respeito. Portanto, um príncipe prudente deve portar-se de forma diferente, escolhendo homens discretos que dirão a verdade apenas sobre o que lhes for perguntado e nada mais. A estes conselheiros, porém, deve consultar sobre tudo e dar-lhes a liberdade para se manifestarem e, depois, deliberar sozinho, conforme seu entendimento, fazendo-o, no entanto, de tal forma que os ministros percebam que suas opiniões são mais acatadas quanto mais leais eles forem. E só a esses deve ouvir. Siga-lhes os conselhos com firmeza e com isto afastará os bajuladores e não se perderá nas indecisões geradas pela adulação e que levam ao descrédito.

A propósito, darei um exemplo atual. O Padre Lucas[1], da confiança do atual imperador Maximiliano, falando a seu respeito, disse que ele não se aconselha com ninguém e que,

[1] Padre Lucas Rinaldi, embaixador de Maximiliano na Áustria.

também, por inseguro, nada realiza, porque não segue a diretriz que acabo se lembrar. Além do mais, Maximiliano é homem fechado e não revela seus planos a outrem, nem pede conselhos. Mas na hora da execução esses planos se tornam conhecidos e ficam sujeitos à crítica dos cortesões, impedindo a sua realização. Então acontece que destrói num dia o que faz no outro e não se sabe o que pretende realizar nem mesmo quais suas intenções.

Um príncipe, portanto, deve, aconselhar-se sempre, porém quando o desejar e não quando os outros querem fazê-lo. Convém mesmo frustrar o desejo que alguém possa ter de aconselhá-lo sobre assunto não perguntado. Mas ele necessita perguntar sobre tudo e ouvir todos os conselhos. E sabendo que alguém, por temor, não lhe disse a verdade, deve revelar sua contrariedade. Enganam-se os que pensam que os príncipes não sejam conceituados por sua natureza, mas pela orientação de seus conselheiros. A regra geral é que um príncipe pouco prudente seguirá apenas um conselheiro que, por muito sábio, tenha condições de orientá-lo sozinho. Mas esta situação dura pouco tempo, porque o conselheiro que estivesse realmente governando logo assumiria o poder, derrubando-o. Porém tendo mais um conselheiro, não haverá jamais uniformidade de opiniões e o príncipe inábil não saberá harmonizá-las. Cada conselheiro pensará à sua moda e ele não saberá dirigi-los por não saber julgá-los. E será sempre assim, porque os homens se tornam maus quando não têm necessidade de ser bons. Em remate, os bons conselhos, venham de onde vierem, convém que se originem da prudência do príncipe e não a prudência do príncipe dos bons conselhos.

Capítulo XXIV

CAUSAS QUE LEVARAM OS PRÍNCIPES DA ITÁLIA A PERDEREM SEUS ESTADOS

Um príncipe novo que observar cuidadosamente quando foi dito, parecerá de velha estirpe e estará mais firme no poder do que se nele estivesse há longo tempo. Isto porque um príncipe novo é muito mais observado do que aquele que recebe o governo por herança. E quando suas ações são reconhecidamente boas cativam muito mais aos homens do que se fossem praticadas por um príncipe de velho sangue. É porque os homens se interessam mais pelas coisas presentes do que pelas passadas e quando se sentem bem com as presentes se dão por satisfeitos, e não se preocupam com outras. E se por outras razões o príncipe não for malquisto, tornam-se seus partidários. E assim terá glória dupla: a de ter fundado um principado e de lhe ter dado boas leis, boas armas e bons exemplos, da mesma forma que um de velha estirpe, se perder o estado, terá dupla vergonha, porque nascendo príncipe, não teve capacidade para conservá-lo.

E se considerarmos esses que, em nossos tempos, na Itália, perderam seus estados, como o Rei de Nápoles[1], o Duque de Milão[2] e outros, neles se encontrará uma falha comum no que tange aos exércitos, pelas razões longamente expostas; depois notar-se-á que alguns deles tiveram o povo como inimigo e se o tiveram a seu lado, não souberam defender-se

[1] Fernando de Aragão, rei da Espanha e Nápoles.

[2] Ludovico, o Mouro.

dos poderosos, porque sem estes erros não se perdem estados que têm recursos suficientes para armar um exército. Filipe da Macedônia[3], não o pai de Alexandre, mas o que foi derrotado por Tito Quinto, não tinha grandes domínios, comparados aos dos romanos e dos gregos que o guerrearam, mas por ser bom militar, saber agradar o povo e cuidar-se dos poderosos, sustentou a guerra durante anos e se, no seu término, perdeu algumas cidades, conservou o reino.

Portanto os príncipes italianos que durante muitos anos possuíram estados e depois os perderam, não devem se voltar contra a sorte, mas sim lamentar-se da própria incapacidade. Porque como nunca pensaram, nos tempos tranqüilos, que as coisas podem mudar (é natural dos homens não pensarem na tempestade nas horas de bonança), quando surge a adversidade tratam de fugir e não de defender-se, na expectativa de que o povo cansado com a insolência dos invasores reclame a sua volta. Tal atitude só é boa quando é a única; mas é má quando se pode optar por outra. Ninguém deve se deixar abater na esperança de que outro o socorra. Isto não acontece. E se acontecer não oferece segurança a quem usou desse expediente, por ser o mesmo aviltante e depender de favor alheio. Os meios de defesa somente são bons, são certos, são duradouros quando dependem exclusivamente do príncipe e de suas aptidões.

[3] Pai de Perseu.

Capítulo XXV

QUANTO PODE A SORTE SOBRE O DESTINO E COMO AGIR, SE ELA FOR CONTRÁRIA

Não ignoro que muitos admitem que as coisas do mundo são governadas pela sorte e por Deus, de maneira que a vontade humana não pode mudar esses desígnios e nem dar-lhes remédio. Esta opinião em voga em nossos dias, pelas grandes mudanças que se operam constantemente, se funda no fatalismo. Diante disso, e pensando sobre esse fato, inclinei-me a aceitá-lo, porém em parte. E para que o livre-arbítrio não seja nulificado, admito que o destino governe a metade das nossas ações, mas que a outra metade depende de nós. Eu o comparo a um desses rios torrenciais que quando se enfurecem alagam planícies, derrubam árvores e edifícios, que a todos afugenta, sem que nada possa detê-los. Contudo, embora isto aconteça, voltada a normalidade, podem os homens reconstruir o que foi destruído e erguer barragens e abrir canais, de maneira que se vier outra enchente ela será controlada pelo engenho humano, diminuindo em muito os danos que pode causar. Com o destino acontece o mesmo. Ele tudo conduz se não houver uma vontade que o controle e tudo arrasa se não houver diques para conter sua violência.

E se observarmos a Itália, que é berço e sede destas revoluções, veremos que é uma planície sem canais e barragens e que se fosse suficientemente defendida como a Alemanha, a Espanha e a França, as inundações não trariam as grandes mudanças que sofre, ou mesmo não teriam acontecido. E, com isto, creio ter dito o suficiente sobre a maneira de obstar os passos da fatalidade. Porém, limitando-me mais aos casos particulares, lembro que hoje se vê um príncipe engrandecer-se e amanhã cair na desgraça, sem que houvessem mudado sua natureza ou suas qualidades. Penso que as causas deste fato já foram explanadas, quando discorri a respeito dos príncipes que se apóiam exclusivamente na sorte e que se arruínam quando esta muda. Creio ainda que acerta aquele que harmonizar o seu modo de agir com as contingências da época e que erra, por sua vez, o que vive em contradição com o seu tempo. Os homens trilham os caminhos que levam à glória e à riqueza, de formas diversas: uns são cautelosos; outros, manhosos; alguns, pacientemente e, outros, precipitadamente. E mesmo por caminhos diferentes, todos podem atingir seus objetivos. Vê-se, outrossim, que entre dois cautelosos, um chega ao que almeja e outro falha, bem como dois, igualmente cautelosos, podem triunfar usando métodos diversos, um a cautela e outro a impetuosidade. Isto se deve às circunstâncias do momento, as quais se conformam ou não com o procedimento de cada um. Daqui se conclui, conforme eu disse, que dois, agindo diversamente, podem chegar ao mesmo resultado vitorioso, enquanto que dois operando de forma idêntica, um triunfa e outro fracassa. Dependem daí também as diferenças do êxito, porque se alguém administra com paciência e cautela, e a época e as coisas se apresentam de tal modo favoráveis, o seu governo será bom e feliz, mas se as circunstâncias mudarem ele se arruina porque não muda o seu comportamento. Não há homem tão sábio que se conforme com as mudanças, quer porque não pode contrariar sua natureza, quer porque tendo progredido dentro de um certo sistema não se sente seguro em trocá-lo por outro. O homem naturalmente calmo quando chega o momento de ser impetuoso não o consegue e isto o derrota, porque se mudasse sua natureza conforme a época e os fatos, não mudaria sua sorte. O Papa Júlio II foi impetuoso em todas as suas ações e ajustou-se tão bem ao tempo e às circunstâncias que sempre triunfou. Consideremos a primeira campanha que realizou em Bolonha, ao tempo de Giovanni Bentivoglio. Os venezianos não estavam com o Papa. Nem o Rei da Espanha. E enquanto mantinha entendimentos com o Rei da França sobre a referida campanha, deu início à expedição, com violência e ímpeto, chefiando-a pessoalmente. Tal audácia imobilizou espanhóis e vênetos, estes por medo e aqueles pela esperança de reaverem o reino de Nápoles. E, com isto, obteve o apoio do Rei da França, o qual vendo que o Papa se movimentava, e querendo-o como amigo para submeter os vênetos, concluiu que não poderia negar-lhe auxílio militar sem o ofender abertamente. Júlio conseguiu com sua alma impetuosa, aquilo que outro pontífice, com toda sua humana sabedoria, não o faria porque se esperasse para partir de Roma a conclusão dos entendimentos e dos planos, jamais obteria sucesso e o Rei da França, para não apoiá-lo, teria apresentado mil desculpas e os outros passariam a ameaçá-lo. Deixo de referir-me a outros feitos seus, todos bem sucedidos e semelhantes a esse. A brevidade da sua vida não lhe permitiu conhecer o fracasso, porque se chegasse o momento em que a cautela fosse necessária, sua ruína seria fatal, pois, por sua natureza, jamais se afastaria das normas traçadas. Temos, então, que variando a sorte, e mantendo-se os homens renitentes no seu modo de proceder, tudo dará certo, enquanto as ações deles e as particularidades do tempo se ajustarem, mas será um desastre quando isto não acontecer. Estou convicto que o impetuoso encontra mais facilmente o caminho do sucesso do que o cauteloso, porque a sorte é mulher e só se submete quando é contrariada e surrada. E sendo mulher se aproxima mais dos jovens que são menos cautelosos, têm mais ardor e a envolvem com mais audácia.

Capítulo XXVI

EXORTAÇÃO PARA LIBERTAR A ITÁLIA DAS MÃOS DOS BÁRBAROS

Considerando, agora, tudo o que foi dito, nos demais capítulos desta obra, pergunto a mim mesmo se na Itália de nossos dias é possível o aparecimento de um novo príncipe, prudente e valoroso, com a oportunidade de implantar uma nova ordem, que fosse para ele motivo de glória e fonte de felicidade para os italianos em geral? Parece-me que os tempos presentes são favoráveis ao aparecimento desse novo príncipe e não vejo mesmo nenhum momento tão propício como este. E, como eu disse, que para se conhecer o valor de Moisés foi preciso que o povo de Israel fosse escravo no Egito; para se conhecer a fortaleza do espírito de Ciro, foi necessário que os persas estivessem oprimidos pelos medas e para aquilatar o alto valor de Teseu, que os atenienses estivessem desunidos; assim, no presente, para conhecer o valor do espírito italiano, era imperioso que a Itália descesse até a situação em que se encontrava e que fosse mais escravizada que os hebreus, mais submetida que os persas e mais desunida que os atenienses, sem chefe e desorganizada, batida, espoliada, dilacerada, ocupada, e que tivesse sofrido toda sorte de desgraças. E se até aqui, houve providências de alguém[1], que até parecem de inspiração divina, com o objetivo de salvá-la, é certo que no momento culminante da sua luta a sorte o repeliu. De forma que tendo ficado inerte, é necessário que

[1] Para muitos, Maquiavel refere-se a César Bórgia.

apareça quem possa curar-lhe as feridas e acabar com os saques dos lombardos aos tributos de Nápoles e da Toscana e tratar das suas chagas há longo tempo fistulosas. Por aí se vê como a Itália pede a Deus que lhe mande alguém que a liberte da crueldade e insolência dos bárbaros e como está pronta a seguir uma bandeira redentora, desde que haja quem a empunhe. E, no presente, não vê em quem melhor possa confiar senão na vossa ilustre casa, a qual com suas qualidades e valor, protegida por Deus e pela Igreja, à qual deu, agora, um príncipe[2], poderá ser arauto da sua redenção. E isto não será muito difícil, se examinardes como agiram aqueles a que me referi. E, embora aqueles homens tenham sido excepcionais e extraordinários, não deixaram de ser homens, e todas as oportunidades que tiveram não foram tão boas como a que ora se apresenta, porque suas empresas não foram mais justas do que esta, nem mais fáceis, e nem Deus foi tão seu amigo como é vosso. Esta é grande sentença: "Na verdade, a guerra é justa quando necessária e piedosas são as armas quando nelas repousa a esperança"[3]. A disposição para a empresa é grande. E onde tal disposição existe não existem grandes dificuldades para se seguirem os exemplos que ofereço. Outrossim, conhecemos fatos extraordinários, miraculosos, que são obras de Deus: O mar abriu-se, a nuvem indicou o caminho, jorrou água da pedra, choveu maná[4]. Tudo concorre para a vossa grandeza. O mais depende de vós. Deus não quer fazer todas as coisas para não nos tolher o livre-arbítrio e a parte da glória que nos toca. E não é de espantar se algum dos referi-

[2] Leão X, que era Giovanni de Médici, foi eleito papa em 1513.

[3] "Justum enim est bellum quibus necessarium, et pia arma ubi nulla nisi in armis spes est." (Tito Lívio, *Décadas*, IX.)

[4] Fatos que aconteceram durante a fuga dos hebreus do Egito para a Palestina. Símbolos da libertação de um povo.

dos italianos[5] não pôde realizar o que se espera da vossa ilustre casa e, depois de tantas revoluções na Itália e de tantas manobras militares, parece que o seu espírito bélico não mais existe. Isto é fruto das antigas instituições que não eram boas e de não ter surgido alguém que as substituísse por outras e, no entanto, nada glorifica tanto um príncipe novo que desponta, quanto o elaborar novas leis e inovar as instituições que encontrou. Estas medidas, quando bem fundamentadas e possuírem grandeza, o tornam respeitado e admirado. Na Itália há condições para esse empreendimento. É um povo decidido que não tem chefes. Observai quanto os italianos são valorosos e de inteligência superior nos duelos e nos torneios. Mas essas qualidades desaparecem quando incorporados ao exército. E tudo se origina da fraqueza dos chefes, porque os capazes não querem receber ordens, e todos se julgam capazes, não tendo aparecido até agora ninguém que, por seu valor e sorte, submetesse os outros ao assumir o comando. É por esta razão que em todas as guerras destes últimos vinte anos, sempre que as tropas eram formadas só por italianos, os resultados nos foram desfavoráveis como atestam Taro e, depois, Alexandria, Cápua, Gênova, Vailá, Bolonha e Mestre.

Assim, se quiser a vossa ilustre casa imitar aqueles homens notáveis e redimir as províncias italianas, é necessário, antes de qualquer outra medida, como sólido alicerce de qualquer empreendimento, prover-se de exércitos próprios, porque neles estão os soldados melhores, mais fiéis. E embora individualmente esses soldados italianos sejam bons, tornam-se melhores quando agrupados, sob o comando do seu príncipe, que os distingue e mantém. É necessário, portanto, organizar essas tropas para poder, com um exército inteiramente

[5] César Bórgia, Francisco Sforza, além de outros.

italiano, defender-se do estrangeiro. E embora as infantarias suíça e espanhola sejam consideradas temíveis, ambas apresentam falhas, pelo que uma terceira organização militar poderia não só enfrentá-las como até vencê-las, porque os espanhóis não resistem à cavalaria e os suíços temem a infantaria, quando deparam com soldados tão obstinados e valentes quanto eles. A experiência mostra, e mostrará, que os espanhóis não têm condições de enfrentar a cavalaria francesa e os suíços foram derrotados pela infantaria espanhola. Embora este último caso não ofereça uma experiência completa, dá-nos melhores elementos para aquilatar sua importância, quando, em Ravena, a infantaria espanhola enfrentou os alemães, que têm a mesma organização dos suíços. Os espanhóis, com a agilidade de corpo e protegidos por seus broquéis, penetraram entre os piques inimigos e estavam certos de derrotá-los, sem que os tudescos tivessem salvação alguma. E seriam todos mortos se contra os espanhóis não investisse a cavalaria. Pode-se, agora, conhecidas as deficiências de uma e de outra infantaria, organizar uma nova, com tática própria, para resistir à cavalaria e que não receie a infantaria. Para isto necessita-se de uma nova espécie de armas e outros métodos de combater. E são essas coisas que, organizadas pela primeira vez dão reputação e grandeza a um príncipe novo.

Não se pode, portanto, perder esta oportunidade, a fim de que a Itália, depois de tanto tempo, encontre o seu redentor.

Faltam-me palavras para dizer com que amor, com que sede de vingança, com que fé obstinada, com que piedade e com que lágrimas, ele seria recebido nas províncias que tanto sofreram com as ocupações estrangeiras. Que portas se fechariam para ele? Que povos lhe negariam obediência? Que inveja o combateria? Que italiano lhe negaria seu apoio? A todos é repugnante o domínio dos bárbaros. Empunhe, pois, a vossa ilustre Casa esta bandeira, com aquele ânimo e aquela esperança com que se defendem as causas justas, a fim de que, sob suas insígnias, seja esta pátria enobrecida e sob seus auspícios se confirme o que escreveu Petrarca:

"Contra a violência
a virtude tomará armas, e logo a vencerá,
porque nos peitos italianos
o antigo valor não pereceu"[6].

[6] "Virtu contro a furore
Prendera l'arme; e fia el combatter corto;
Che l'antico valore
Nelli italici con non é ancor morto."

Impressão e Acabamento
Bartira
G r á f i c a
(011) 4393-2911